El papel utilizado para la impresión de este libro ha sido fabricado a partir de madera procedente de bosques y plantaciones gestionadas con los más altos estándares ambientales, garantizando una explotación de los recursos sostenible con el medio ambiente y beneficiosa para las personas.

**Cash**
*Dinero*

Título original: *Dosh*

Primera edición en España: enero, 2022
Primera edición en México: abril, 2022

Publicado por primera vez en Gran Bretaña en 2020 por Wren & Rook

D. R. © 2020, Rashmi Sirdeshpande

D. R. © 2022, Penguin Random House Grupo Editorial, S.A.U.
Travessera de Gràcia, 47-49, 08021, Barcelona

D. R. © 2022, derechos de edición mundiales en lengua castellana:
Penguin Random House Grupo Editorial, S. A. de C. V.
Blvd. Miguel de Cervantes Saavedra núm. 301, 1er piso,
colonia Granada, alcaldía Miguel Hidalgo, C. P. 11520,
Ciudad de México

penguinlibros.com

D. R. © 2020, Hodder & Stoughton Limited, por el diseño
D. R. © 2022, Victoria Pradilla, por la traducción

ISBN: 978-607-381-081-4

Impreso en México – *Printed in Mexico*

# RASHMI SIRDESHPANDE

## ILUSTRACIONES DE
## ADAM HAYES

salamandra

A MI PADRE, LA PERSONA MÁS
GENEROSA QUE CONOZCO
R. S.

# ÍNDICE

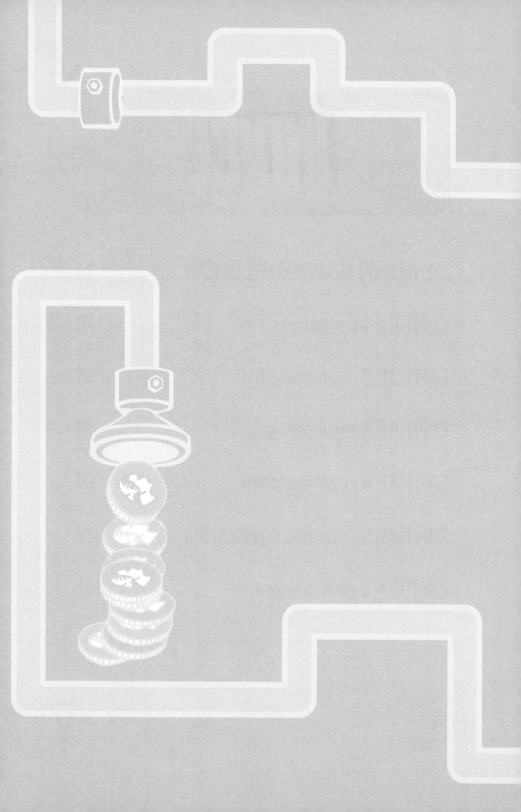

El **DINERO** tiene **MUCHOS** nombres, se presenta en tamaños y formas diferentes y se utiliza en todo el mundo, desde hace miles de años, para comprar cosas, construirlas y cambiar vidas. ¿En qué piensas cuando piensas en dinero? ¿En montañas altísimas de oro? ¿En que por fin podrás comprarte esa guitarra para la que has estado ahorrando? ¿O en vivir una vida de lujo como los ricos y famosos? Es cierto que con dinero podemos lograr que todo esto suceda, pero primero debemos entender cómo funciona, cómo se consigue y qué es mejor hacer con él cuando se tiene. Una vez que sepas todo esto, estarás listo para empezar a divertirte. Y aunque hoy mismo eso signifique tener entre las manos la guitarra que tanto quieres, dentro de unos años podría significar llevar el tipo de vida con el que siempre has soñado. Quizás ahora ese momento te parezca **MUY** lejano, pero desarrollar buenos hábitos monetarios (y saber qué hacer cuando las cosas no van bien) te ayudará a ir por el buen camino. De ahí la utilidad de este libro.

## PERO ¡ESPERA UN MOMENTO! ¿QUÉ ES EXACTAMENTE EL DINERO?

El dinero ha ido cambiando de aspecto a lo largo del tiempo: monedas de metal al principio, una aplicación en el celular al final, pasando por el papel impreso y las tarjetas de plástico. Su función, en cambio, sigue siendo la misma.

**1 ES UN MEDIO DE INTERCAMBIO.** Seguro que estás preguntándote qué significa eso. Pues bien, no es más que una forma elegante de decir que lo usamos para comprar y vender cosas. Así de sencillo.

**2 ES UN ALMACÉN DE VALOR.** Lo que quiere decir que no tenemos que gastarlo todo de inmediato. Podemos guardarlo y utilizarlo más tarde o ahorrarlo para más adelante. ¿Que quieres viajar al espacio? No hay problema. (Y menos ahora que los boletos ya están a la venta, aunque sea a un precio muy elevado.)

**3 ES UNA UNIDAD DE CONTABILIDAD.** Podemos contarlo para saber cuánto tenemos —¡algo muy útil!—, usarlo para poner precio a las cosas y también para comparar precios.

El dinero suele tener mala reputación, pero en sí mismo no es ni bueno ni malo; lo que importa es lo que hagas con él. Y si aprendes a utilizarlo de manera eficaz, puede ser una forma de empoderarte y de hacer cosas positivas. La realidad es que lo necesitamos para

conseguir un techo, comida y ropa, pero también para educarnos y gozar de salud. Con él podemos emprender un negocio con el que mantener a nuestra familia. O reconstruir una ciudad después de una catástrofe natural. Lo cierto es que ¡CON DINERO SE PUEDEN HACER COSAS GENIALES!

Sin embargo, también se puede usar con unas intenciones no tan buenas. Por ejemplo, para financiar actividades corruptas. Y puede llegar a estresarnos. Algunas personas se preocupan porque no tienen suficiente, otras incluso se pelean por él, y las hay que creen que las hará felices y que cuanto más tengan más dichosas serán. Pero uno puede ser rico y desgraciado o no tener casi nada y ser extremadamente feliz. Es normal querer tener más dinero (¡incluso los multimillonarios desean una isla que no pueden permitirse!), pero vale la pena parar en algún momento para dar las gracias por lo que se tiene. Además, una vez que lo básico está cubierto, las mejores cosas de la vida son gratis, como salir y pasarla bien con los amigos.

Por eso debemos averiguar cómo utilizar el dinero para hacer cosas positivas (y NUNCA para lo contrario) y cómo tenerlo bajo control ¡en lugar de dejar que nos controle!

## EL DINERO ES UNA HERRAMIENTA

Cuando decimos que queremos dinero, a lo que de verdad nos referimos es a que queremos todo aquello que el dinero nos permite hacer y experimentar, y el tipo de vida que sin él no podríamos tener.

Pasarte el día contemplando montones de dinero como un supervillano no es muy divertido, pero usarlos para salir y viajar por el mundo, sí. No podemos comernos el dinero, pero sí podemos usarlo para comprar un delicioso pastel de chocolate, por ejemplo. O una comida caliente para alguien que la necesite. Es eso lo que todos queremos conseguir, no los billetes o las monedas en sí mismos.

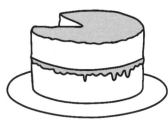

Ahora bien, lo normal, a menos que tengas una lámpara maravillosa, es disponer de una cantidad limitada de dinero y tener que decidir qué hacer con ella, lo cual implica *priorizar* y *elegir*.

PRIORILISTAR = ENLISTAR POR PRIORIDADES

DESDE LAS SUPERIMPORTANTES

## HASTA LAS QUE

BUENO... OKEY... EN REALIDAD NO SON TAN IMPORTANTES.

Lo malo es que a las personas no se nos da muy bien priorizar.

¿Lo bueno? Que casi todo tiene solución. Si en lugar de precipitarnos pensamos primero un poco, podremos aprender y tomar buenas decisiones.

**ASÍ QUE PIENSA:** ¿Qué vas a hacer cuando consigas algo de dinero? Puedes elegir entre varias opciones:

Todas ellas forman parte del concepto **"gestionar el dinero"**.

Sí, «gestionar el dinero». Sé sincero. ¿Verdad que suena aburrido? Para muchos muchos adultos no sólo es aburrido, sino que les parece totalmente aterrador.

### Y... ATERRADOR + ABURRIDO = COMBINACIÓN PELIGROSA.

Verás, durante mucho tiempo la gestión del dinero no era algo que se enseñara en casa o en la escuela. Uno crecía y, ¡TRAS!, de repente se suponía que ya sabía de qué iba la cosa.

A mí tampoco me enseñaron nada de esto. Yo no tenía ni idea. Y todo me sonaba tan increíblemente aburrido que nunca me molesté en ver de qué trataba el asunto. Hasta que crecí y tuve que ocuparme de mis propias cuentas y... también de mis propios sueños y... bueno... me vi obligada a ponerme las pilas. OKEY, sí sabía algunas cosas; por ejemplo, que mi familia no tenía mucho dinero y que mis padres trabajaban muy duro para ganar más. También me di cuenta de que usaban el que tenían para hacer cosas buenas y para ayudar a la gente, y, gracias a ellos, aprendí que es algo que se respeta (y se cuida). Pero también vi que había gente a mi alrededor pasándola realmente mal, que no podía pagar las facturas o permitirse ciertas cosas ni la vida con la que había soñado, a pesar de que lo hacían lo mejor que podían.

Mucha gente pasa por dificultades económicas, y no es algo de lo que avergonzarse. Hay muchas cosas que se escapan de nuestro control y la suerte de las personas puede cambiar drásticamente. Pero, si conoces la mejor forma de gestionar el dinero, quizá puedas evitar esas situaciones. Si aun así se da el caso, estarás lo más preparado posible para elaborar un plan y afrontarlas. Piensa en este libro como en el manual definitivo para gestionar el dinero. Un aliado que puede ir contigo adonde sea. Una guía llena de trucos que te ayudarán a decidir qué hacer con el DINERO, cómo cuidar de él y cómo actuar si las cosas se ponen feas.

Vamos a hacer lo siguiente:

En primer lugar, veremos **QUÉ ES EL DINERO**, cómo ha cambiado a lo largo de la historia y qué le depara el futuro.

Después hablaremos de **CÓMO GANARLO**. Reflexionaremos sobre las habilidades que puedes entrenar hoy para aumentar tu capacidad de ganar dinero mañana. Hablaremos de tipos de empleo, por supuesto, pero también de cómo crear tu propio negocio (y, **TE AVISO**, ¡tengo algunas ideas que podrás poner en marcha ahora mismo!).

A continuación nos adentraremos en la parte más emocionante: **CÓMO GASTARLO**. Aunque eso lo sabemos todos. O tal vez no. Gastar como un experto significa saber en qué rascarte el bolsillo y cómo evitar dejarte llevar por la publicidad engañosa. Hablaremos de elegir y reflexionar, y aprenderemos a elaborar un **presupuesto** (un modo ingenioso de referirse a los antiguos **PLANES**).

También abordaremos la cuestión, no tan divertida pero sí muy importante, de **CÓMO AHORRARLO**. Si lo haces bien y empiezas enseguida, dentro de unos años podrías estar ganando dinero fácilmente. Y digo «fácilmente» aunque los bancos no nos lo pongan fácil. Por eso es bueno saber cómo funcionan.

Después, el gran tema de **CÓMO HACER QUE EL DINERO CREZCA**. Dicen que el dinero no crece en los árboles, y es cierto. Pero claro que crece. Y vamos a ver cómo conseguirlo. Ahorrar es sólo una forma de lograrlo.

ÉSTA ES LA PLANTA DEL DINERO.
Es una de las muchas variedades que hay.
Y pensarás... «¿dónde está el dinero?».
Exacto. No está. Pero son plantas bonitas
y a mucha gente le gusta creer que atraen
la buena fortuna.

Y por último, pero no por ello menos importante, hablaremos de **CÓMO DONAR DINERO.** Hay muchas maneras de hacerlo. Pero, cuanto más dinero ganes, más ahorres y más lo hagas crecer, más riqueza generarás (¡ya llegaremos a ello en la página 113!) y, por lo tanto, más podrás donar a las causas que te interesen. De todas formas, cuando no dispongamos de mucho dinero, hay otra cosa que siempre podemos regalar: tiempo. Y con el tiempo también podemos ser generosos.

## HASTA AQUÍ LO ENTENDISTE TODO, ¿VERDAD? PERFECTO. PUES, AHORA, MANOS A LA OBRA.

# CAPÍTULO 1
# DINERO: ¿QUÉ ES?

Hoy en día, cuando oímos la palabra «dinero» solemos pensar en billetes y monedas. Quizá también en tarjetas de crédito y en el pago con celular. Sin embargo, hace tiempo las cosas eran diferentes. Cuando alguien necesitaba algo, lo conseguía cambiándolo por otra cosa. Este sistema se llama «TRUEQUE». ¡Imagínatelo! Para conseguir lo que fuera, había que renunciar a algo e intercambiarlo por lo que otra persona tenía. El cambio dependía de los intereses de los individuos que intervenían en el trato y de la medida en la que estaban dispuestos a pactar.

Cerrar un trueque no es fácil. No puedes presentarte en pleno desierto para intentar cambiar un suéter de lana por un helado fresquito. Nadie va a querer hacer tratos contigo, a no ser que en ese desierto baje mucho la temperatura por la noche y la persona con la que negocies necesite abrigarse. Ahora bien, si en su lugar le ofreces una botella de agua, quizá sí llegues a un acuerdo.

El primer trueque de la historia se registró en Egipto alrededor del año 9000 a. C. Por aquel entonces, la gente intercambiaba todo tipo de cosas, desde vacas y ovejas hasta cereales y hortalizas. Con el tiempo, entre las ciudades se desarrollaron rutas comerciales y los mercaderes comenzaron a intercambiar objetos como armas, piedras preciosas, especias o sal.

Estos viajes para comerciar hicieron que las compras se volvieran mucho más interesantes, pero también causaron algunos problemas.

# TRANSPORTAR GANADO ERA COMPLICADO.

# LOS CEREALES Y LAS VERDURAS SE PUDRÍAN.

# LAS COSECHAS SIEMPRE DABAN PROBLEMAS.

¿Y si querías almacenarlo todo para comerciar más tarde? ¿Cuánto iban a durar las verduras sin estropearse? O peor aún, ¿y si ese año la cosecha había sido mala? ¿Y qué pasaba cuando a la persona con la que querías tratar no le gustaba ninguno de tus productos?

El trueque no cesó cuando aparecieron las monedas y los billetes, aunque se volvió mucho más organizado. Alrededor del año 130 d. C., la dinastía china Han abrió la Ruta de la Seda, una serie de vías comerciales entre el Lejano Oriente y Europa. Los mercaderes viajaban en grupos llamados «caravanas» y llevaban productos como té y sedas procedentes de China, algodón fino y especias de India, dátiles y pistaches de Oriente Próximo, y cristal, oro y plata del Mediterráneo.

Incluso hoy en día hay gente que sigue haciendo trueques. Algunas empresas ofrecen productos o servicios en lugar de pagar en efectivo. ¿Y alguna vez has intercambiado un juguete, un libro, un bocadillo o ropa con un amigo o un hermano? Porque eso también es hacer trueque.

Pero ¿no sería mucho mejor comprar y vender usando otra cosa? ¿Algo que se pudiera llevar encima y fuera duradero? ¿Algo que aceptara todo el mundo? De ahí que las monedas y los billetes resultaran tan útiles…

# DINERO: SU HISTORIA DE UN VISTAZO

## CLINC CLANC MONEDITAS, 2000 A.C.

Mucho antes de que se fabricaran las primeras monedas, en Mesopotamia (las actuales Siria e Irak) el dinero adquirió forma de **anillas** o **bobinas de plata**. Su valor se medía por una unidad de peso llamada «siclo» o «séquel» (que se convertiría en la moneda de Israel). El trabajo de un mes se pagaba con aproximadamente un siclo. En cambio, según las leyes de la antigua ciudad mesopotámica de Eshnunna, darle una bofetada en la mejilla a alguien conllevaba una multa de diez siclos. Y morderle la nariz, ¡una de sesenta! AY.

## CONCHAS Y MÁS CONCHAS, 1200 A.C.

En algunos lugares de India y de China se usaban como monedas las **conchas de caurí,** un molusco cuya concha, una pequeña pieza de porcelana muy dura, resultaba difícil de falsificar debido a su forma y su textura. Además, contaba con la ventaja de ser mucho más fácil de transportar que el ganado o las carretas de cereales.

Unos dos mil años más tarde, los comerciantes introdujeron estas conchas en África occidental. Entre 1700 y 1790, los holandeses y los británicos llevaron alrededor de diez mil millones de cauríes del océano Índico al continente africano para intercambiarlos por millones de esclavos. He aquí un ejemplo de transacción en la que el dinero se usa para algo malo. Hay personas que hacen cosas terribles porque son codiciosas.

## REYES ACUÑADOS, HACIA EL AÑO 600 A.C.

Algunas de las primeras **monedas** que existieron se **acuñaron** en Lidia (actual Turquía) durante el mandato de Creso, su último rey. Se fabricaron con electro, una mezcla de oro y plata, llevaban grabado un león rugiente y contaban con la garantía de calidad del propio monarca, de quien se decía que era el hombre más rico de la época; vaya, que nadaba en dinero.

## EL REY MIDAS Y SUS MANOS DE ORO

El río Pactolo, en Lidia, era una fuente importante de electro. Según una antigua leyenda griega, esto se debía a que el rey Midas se había enjuagado las manos en el río para deshacerse de su poder. Y es que la de Midas es una historia llena de codicia. Cuando el travieso Dioniso le concedió el deseo de que todo lo que tocara se convirtiera en oro, hizo del rey alguien superrico, pero a un precio muy alto. Su familia, la comida, el agua... todo se volvía de oro. Así que de repente no podía hacer nada, ni siquiera comer. Desesperado, el rey le rogó a Dioniso que lo librara del poder y éste le contestó que para ello debía bañarse en el río. Midas así lo hizo. Al fin perdió su poderoso toque, pero tiñó de color dorado las aguas del río.

De repente, las monedas se pusieron de moda. Todo el mundo quería usarlas, en Roma e incluso en Atenas, donde, hasta la época, para los intercambios utilizaban una especie de clavo de hierro. ¡VAYA riesgo para la salud y la seguridad!

## DE LAS ESPADAS A LAS MONEDAS, 221 A.C.

Qin Shi Huang fue el primer emperador chino y bajo su reinado unificó el país, introdujo una **moneda universal de bronce** y prohibió las monedas locales. Antes, en lugar de monedas utilizaban unas espadas y unos cuchillos de bronce en miniatura. Y aunque resultaban más llevables que las de verdad, ¡pinchaban! ¡Más te valía no metértelas en el bolsillo del pantalón y olvidarte de ellas cuando te sentaras! En cambio, las monedas nuevas eran más bonitas, de forma circular y con un agujero cuadrado en el centro para llevarlas ensartadas en un cordón. ¿Bonitas y prácticas? **MUCHO.** Además, como en la antigua China se creía que la Tierra era cuadrada y los cielos tenían forma de cúpula, esas monedas se convirtieron en un símbolo de la armonía entre el cielo y la tierra. Impresionante, ¿no?

# ¡PAPEL MONEDA!

## DINERO VOLADOR, 806 D.C.

Los comerciantes chinos empezaron a fabricar **dinero de papel** porque no había suficientes monedas disponibles, pero también porque éstas ocupaban demasiado espacio y pesaban mucho para llevarlas encima de un lugar a otro. Lo llamaron *fei chien*, «dinero volador», porque era tan ligero que podía volar y llegar lejos. Fue el antecedente de los cheques, una forma de decir «te pagaré», una promesa que garantizaba que podrías cambiarlo por dinero contante y sonante cuando te interesara. Los mercaderes intercambiaban productos por dinero de papel y luego cambiaban éste por monedas. Así comenzó todo, y, al cabo de unos cientos de años, fue el gobierno chino el que empezó a emitir también papel moneda oficial: ¡los billetes!

## CREAR ORO DE LA NADA, 1275-1292

El explorador veneciano Marco Polo descubrió el papel moneda en uno de sus viajes a China. Convertir papel en dinero real le pareció casi mágico, como crear oro de la nada con un material ligero y barato. En una palabra, una genialidad. Emocionado, Marco Polo trajo la idea a Europa. Sin embargo, los europeos no se mostraron muy entusiasmados al respecto y tuvieron que pasar más de trescientos años para que se comenzaran a usar billetes en el continente.

¿QUÉ LE PASA A ESE TIPO?

NO TEEENGO NI IDEA

## DINERO FALSO

El papel moneda creado en China era un tipo de **dinero fiat** (término en latín que significa «hágase»), dinero fiduciario, esto es, que el material utilizado (papel) para fabricar los billetes, o el metal en el caso de las monedas, no tiene valor en sí mismo, sino que su valor lo da la declaración que hace el propio país cuando afirma por ley que eso «es dinero». Siempre que la gente confíe en el gobierno y en sus leyes, todo va bien. Pero en cuanto pierden la confianza en el Estado, como ocurre en épocas de guerra, por ejemplo, el valor del dinero cae **EN PICADA.**

El dinero que usamos en la actualidad también es fiduciario. Y, como los materiales que se utilizan para imprimirlo son baratos, hay quien intenta falsificarlo (tanto los billetes como las monedas). Aun así, no es fácil conseguirlo. Las monedas legales presentan un grabado muy detallado en las caras y en los bordes, y eso dificulta su falsificación. Los sistemas de seguridad de los billetes también son muy ingeniosos: marcas de agua, hologramas, y pueden examinarse a través de luz ultravioleta o marcarse con plumones especiales para comprobar si son auténticos.

## PAGARÉS, 1661

La primera vez que se imprimieron **billetes** en Europa fue en Suecia. ¡Por fin! (En España lo hizo el Banco San Carlos en 1783.) Como las monedas de cobre pesaban mucho y cargar con ellas era bastante molesto, el sueco Stockholms Banco, el banco más antiguo del mundo, empezó a emitir billetes que podían utilizarse como pagarés, es decir, papeles cuyo intercambio llevaba implícita la promesa de pagar en una fecha determinada. El problema era que podía acabar circulando más dinero en pagarés que monedas había en la caja del banco, aunque se esperaba que no todo el mundo quisiera retirar al mismo tiempo su dinero.

Como la cosa iba bien, el banco comenzó a imprimir más y más dinero de papel, pero, cuantos más billetes había en circulación, menos valor tenían. La gente se dio cuenta y empezó a reclamar sus viejas monedas de cobre, pero ¡no había suficientes! **OH, OH...** El banco quebró y mucha gente perdió su dinero. Fue horrible, y lo peor, como veremos en la página 28, es que no fue la última vez que algo así ocurrió.

## DINERO INVISIBLE

### DINERO MÁGICO, 1871

La compañía Western Union fue la encargada de realizar la **primera transferencia electrónica** del mundo. «Transferencia» porque el dinero se desplaza de un lugar a otro, y «electrónica» porque circula por cable y el dinero no tiene que moverse físicamente. Fue un **GRAN** logro. Auténtico **¡ABRACADABRA!**

## 1929-1939
## LA GRAN DEPRESIÓN

Hay una escena en *Mary Poppins* en la que el niño, Michael Banks, quiere recuperar su dinero pero el banco no quiere devolvérselo. Cuando la gente se entera, cede al pánico porque piensa que tampoco va a poder recuperar el suyo. De repente, todo el mundo quiere sacar su dinero, como pasó en Suecia cuando el banco tuvo que cerrar la caja porque no tenía suficiente efectivo para todos. ¡Vaya desastre! Bueno, pues eso es justo lo que sucedió también en 1929 y 1930 en Estados Unidos, cuando algo llamado «mercado de valores» colapsó (hablaremos de ello en la página 122).

En aquel momento se rumoreaba que los bancos andaban escasos, así que la gente se asustó y trató de sacar el dinero de sus cuentas. De nuevo, como todo el mundo quería efectivo y los bancos no tenían bastante, éstos se fueron a la ruina. Miles de entidades. Por no hablar de la gente que perdió TODOS sus ahorros. Esto originó la llamada «Gran Depresión», un periodo largo y terrible en el que muchas personas se quedaron sin trabajo e incluso sin hogar.

# 1950
# ¡ANDA, LA CARTERA!

La primera **tarjeta de crédito** se fabricó en 1950. A Frank McNamara, un empresario de Nueva York, se le ocurrió la idea tras no poder pagar en un restaurante porque había olvidado la cartera en casa (¡fue su mujer quien tuvo que ir a sacarlo del apuro!). La situación lo hizo sentir tan avergonzado que decidió que no permitiría que se volviera a repetir. Así que inventó la Diners Club Card, una simple tarjeta de cartón que tuvo mucho éxito. La gente empezó a usarla para pagar compras y a final de mes se las cobraban en la cuenta bancaria. Al cabo de cinco años, la tarjeta se aceptaba ya en muchos países de todo el mundo, y hacia 1959 contaba con más de **UN MILLÓN** de usuarios.

En las décadas de los sesenta y los setenta, las tarjetas de crédito ¡estaban por todas partes! Eran muy útiles porque no hacía falta llevar efectivo encima. Con las primeras tarjetas (como ocurría con la Diners Club) tenías que saldar todo lo gastado a final de mes; ahora, en cambio, puedes incluso gastar dinero que no tienes y fraccionarlo pagando un tanto al mes más los intereses de la deuda. Como contratar un crédito.

0000 0000 0000
00/00

0000 0000 0000
00/00

33

**¡OJO!** Aquí las cosas empiezan a ponerse peligrosas. Usar las tarjetas es tan fácil y rápido que hay que ir con cuidado para no olvidar de cuánto dinero disponemos y cuánto llevamos gastado; si no, podríamos meternos en problemas **IMPORTANTES**. (Profundizaremos en ello en el próximo capítulo.)

## DINERO *ONLINE*, AÑOS NOVENTA

La **banca por internet** está en pleno auge. Aunque nació en la década de los ochenta, es en los noventa cuando se vuelve imprescindible y lo cambia todo. En la actualidad, podemos gastar y transferir dinero de una punta a otra del planeta o comprobar el estado de nuestras cuentas con sólo pulsar un botón. Hoy, la mayor parte del dinero de todo el mundo es electrónico. Tu dinero ya no existe físicamente en el banco, sino que se ha transformado en un código que se vincula a tu nombre en la base de datos de tu entidad bancaria.

## EL CHIP Y EL PIN, 2004

Los términos **«chip»** y **«PIN»** nos resultan muy familiares, pero, hasta no hace tanto, cuando usábamos la tarjeta teníamos que pasarla por una máquina y firmar un recibo cada vez que comprábamos. Sin embargo, dado que las tarjetas magnéticas podían clonarse y las firmas eran muy fáciles de falsificar, surgió la idea de hacerlas mucho más seguras incorporándoles un chip que se desbloqueaba con un número PIN. De repente, cuando introducíamos la tarjeta en la terminal sólo debíamos marcar el PIN, secreto y de cuatro dígitos, para poder utilizarla. Esto dificulta mucho más la vida a los delincuentes, siempre y cuando la gente no opte por combinaciones tan obvias como 1234, la fecha de su cumpleaños o algo tipo 2580, número que parece aleatorio pero que en realidad corresponde a la columna central del teclado del celular. ¡EVÍTALAS!

, 2007

Todos los bancos disponen ya de una **aplicación** que se puede descargar en el celular, y no hace falta que sea un aparato de última generación. En Kenia, por ejemplo, gracias a un servicio llamado M-Pesa, que funciona incluso con los modelos más sencillos, pueden enviar dinero mediante mensajes de texto.

Los **pagos** *contactless* se han generalizado en todo el mundo. En lugar de pagar con dinero en efectivo, ahora sólo hay que acercar la tarjeta al lector de la tienda y, *voilà!*, ni siquiera es necesario marcar el PIN. Incluso podemos hacerlo con la tarjeta digital que hayamos cargado en el celular. **¡MÁS FÁCIL, IMPOSIBLE!** Quizá demasiado... El problema está en que, al no tocar el dinero, parece que no gastamos nada. Por suerte, existe la opción de establecer un límite en los pagos para evitar que la gente se lo gaste **TODO** sin darse cuenta.

Aunque la implementación de los pagos *contactless* es más lenta en ciertos países, en los próximos doce años se volverán muy populares en sitios como Australia, Canadá, España, Singapur y Suecia (que está previsto que se convierta en una sociedad sin efectivo hacia 2030).

## CRIPTOMONEDAS, 2009

SE CREA EL **BITCOIN**, LA PRIMERA **CRIPTOMONEDA** O **DIVISA DIGITAL**. FUNCIONA IGUAL QUE EL DINERO, PERO ES TOTALMENTE **VIRTUAL** (NO CORRESPONDE A NINGUNA MONEDA NI BILLETE). HABLAREMOS DE ELLA EN LA PÁGINA 36.

# DIVISAS EXTRANJERAS

Cuando viajamos a otro país con una moneda diferente de la nuestra es normal sentirnos un poco desorientados al principio. Dólares, libras, yenes, rupias... el dinero allí nos parece distinto y, por tanto, los precios también, con lo que podemos llegar a pasarnos **MUCHO RATO** devanándonos los sesos para calcular el precio de las cosas. Esto es así porque cada país suele tener su propio dinero; es lo que se llama «moneda nacional». En este libro hablaremos en euros, pero si tú, lector, vives fuera de la UE, puedes convertirlos fácilmente a tu propia moneda. La gente compra y vende cosas utilizando la moneda local, por eso antes de viajar al extranjero hay que pedir en el banco, o en una oficina especializada, que te cambien cierta cantidad de tu moneda por la de ese otro lugar, para poder pagar tus gastos allí. Para calcular el equivalente entre una moneda y otra se utiliza un tipo de cambio que compara el valor entre ambas.

Voy a poner un ejemplo para que lo comprendas mejor. Supongamos que vives en el **PAÍS DE LAS MANZANAS**, donde la moneda local es la manzana, y viajas al **PAÍS DE LAS PERAS**, donde la moneda oficial es la pera. El tipo de cambio te dirá cuántas peras corresponden a tus manzanas.

# OFICINA DE CAMBIO

## 1 MANZANA 2 PERAS =

Es decir, por cada manzana te darán dos peras. De modo que, si necesitas seis peras para el viaje, tendrás que usar tres manzanas. El tipo de cambio varía a diario. Puede subir, bajar o mantenerse. Y en él influyen muchas cosas; por ejemplo, la confianza que tienen los habitantes en el gobierno de su país. Si el mundo pierde la confianza en el País de las Manzanas, el valor de su moneda —la manzana— bajará, y necesitarás más manzanas para conseguir una pera, porque en ese momento las manzanas valen menos.

# CRIPTOMONEDAS

## ¿DE QUÉ SE TRATA ESO DEL BITCOIN? ¡QUÉ ALBOROTO!

Las criptomonedas como el bitcoin son algo muy nuevo e interesante. El problema es que lo son tanto que la gente todavía no entiende de qué se trata. Pero vamos a verlo con calma, ¿DE ACUERDO?

Ya hemos dicho que el bitcoin sólo existe de forma virtual y que corresponde a un código digital. Ni a monedas ni a billetes ni a nada que puedas meterte en el bolsillo. Es como los *tokens*, moneda digital, virtual, que puedes ir acumulando en los videojuegos. La única diferencia reside en que el bitcoin tiene valor y puedes enviárselo a otra persona, cambiarlo por algo o utilizarlo para comprar en los lugares en que es aceptado como forma de pago (aunque, ¡cuidado!, porque no lo aceptan en todas partes).

Hay dos cosas esenciales que debes saber al respecto:

## 1 DEJA FUERA A LOS BANCOS Y LOS GOBIERNOS.

¿Por qué? Porque no todo el mundo confía en ellos. ¿Recuerdas que antes hablábamos de la Gran Depresión? Fue algo horrible. Y los bancos también tuvieron gran parte de la culpa de la crisis financiera que tuvo lugar a nivel mundial en 2008 (encontrarás más información en la página 130). En la mayoría de los países es el gobierno quien controla el dinero que circula por ellos. Y cada vez que gastamos algo o pagamos una factura, la operación pasa por el banco. Con el bitcoin, en cambio, todas las acciones se llevan a cabo entre individuos, sin el control de los bancos ni de los gobiernos.

## 2 ES SUPERSEGURO.

Porque es un archivo informático **encriptado**. Eso significa que está protegido por unos códigos secretos que lo hacen muy difícil de hackear. De forma que tu dinero (y tu identidad) queda oculto y está a salvo.

El bitcoin lo creó una persona, o grupo de personas, **SUPERMISTERIOSA** bajo el nombre de **Satoshi Nakamoto**. Hoy en día seguimos sin saber quién o quiénes están detrás de él.

Cada vez que un bitcoin se intercambia, se gasta o se cobra, la **transacción** queda registrada en un fichero público electrónico llamado **blockchain** («cadena de bloques»). En él se guardan todas las operaciones con bitcoins que se han realizado y cualquiera que lo desee puede acceder a él, pero las identidades se mantienen en secreto.

Antes de que una transacción sea añadida a la cadena de bloques, tiene que ser revisada por los **mineros de bitcoin**. Estos mineros, desperdigados por todo el mundo, no llevan ni casco ni pico, sino que son unas computadoras muy potentes que realizan cálculos matemáticos muy complejos. El primero que resuelve el planteamiento de la transacción se ve recompensado con algunos bitcoins. Y así es como se genera esta criptomoneda. Esta operación se llama «minar».

$$10 - 3 \div \frac{2}{5} + 6 = Z^3$$
$$-\frac{1}{2}Z + X^4 - ie + 10^5$$
$$\sqrt{1 - V^2} \quad X^3 + Y^3 + Z^2$$
$$\frac{\frac{V^2}{X^3}}{693.52} \quad F = \frac{ZX}{4}$$
$$(a,b)$$

La minería de bitcoins es como la búsqueda de **ORO**. Se trata de un trabajo muy duro, y el número máximo de monedas que pueden crearse es limitado, ¡sólo 21 millones en total!

## AUNQUE EL BITCOIN TAMBIÉN TIENE UN LADO OSCURO...

En primer lugar, presenta una gran desventaja ambiental: las computadoras que se usan para la minería utilizan una cantidad **INMENSA** de electricidad. Hay quienes creen que tanta como un país pequeño. Además, puesto que la identidad de quienes lo usan se mantiene en secreto gracias a la cadena de bloques, esta moneda es ideal para **LOS MALOS MALÍSIMOS** que quieren permanecer en el anonimato. Aunque la policía sabe utilizar las matemáticas para seguirles la pista.

## ¿DÓNDE SE PUEDE CONSEGUIR?

Como cualquier otra moneda, el bitcoin puede comprarse al tipo de cambio vigente en un momento dado, pero hay que hacerlo en un mercado de cambio de criptodivisas como, por ejemplo, el llamado Coinbase, y se requiere de una especie de monedero de bitcoins para hacerlo. Si vives en el País de las Manzanas, el tipo de cambio te dirá cuántas manzanas tienes que soltar por una porción de bitcoin. Sí, lo has entendido bien, no tienes que comprar un bitcoin entero (¡podría salirte bastante caro!). Basta con un pedazo de criptomoneda.

## EL FUTURO DEL DINERO

Hay montones de criptomonedas por ahí, e incluso los adultos están descubriendo todavía de qué se trata todo esto. ¿No te lo crees? Pregúntales y verás que la mayoría no tiene ni idea. Aunque una cosa es segura: cada vez que en el mundo se impone una nueva forma de dinero, ésta cambia la manera de vivir de la gente. Las criptomonedas son bastante nuevas y aún no imaginamos todas las cosas increíbles que pueden venir tras ellas. Del mismo modo, tampoco conocemos los riesgos y peligros que pueden traer consigo. Por eso debemos estar al día.

# EN POCAS PALABRAS

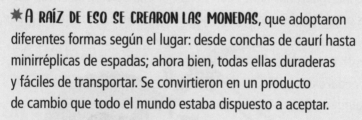

* **Hace muchísimo tiempo,** mucho antes de que se crearan los billetes y las monedas, la gente comerciaba intercambiando productos como ganado o cereales. Pero el ganado era difícil de transportar y los cereales solían pudrirse. ¿Y qué haces si nadie quiere los productos que ofreces?

* **A raíz de eso se crearon las monedas,** que adoptaron diferentes formas según el lugar: desde conchas de cauri hasta minirréplicas de espadas; ahora bien, todas ellas duraderas y fáciles de transportar. Se convirtieron en un producto de cambio que todo el mundo estaba dispuesto a aceptar.

* **Las primeras monedas** (tal como las conocemos hoy en día) se acuñaron en Lidia hacia el año 600 a. C.

✳ **EL PAPEL MONEDA** lo utilizaron por primera vez los comerciantes de China alrededor del 806 a. C.

✳ **MUCHO MÁS TARDE,** ya en el siglo xx, se produjo un aumento del dinero invisible gracias a la implantación de las tarjetas de crédito, la banca *online* y los pagos *contactless*, transacciones sin contacto y superrápidas que hacían que enviar y gastar dinero fuera mucho más sencillo.

✳ **EN 2009 SE CREÓ LA PRIMERA CRIPTOMONEDA,** el bitcoin. Es completamente virtual y está diseñado para ser muy seguro.

✳ **CADA VEZ QUE SE INVENTA UNA NUEVA FORMA DE DINERO,** ésta cambia la manera de hacer las cosas. Con el tiempo, las criptomonedas tal vez lo hagan también. Y quién sabe qué tipo de dinero utilizaremos en el futuro.

AHORA QUE YA SABES QUÉ ES EL DINERO, CÓMO HA CAMBIADO A LO LARGO DE LA HISTORIA Y CUÁL PODRÍA SER SU FUTURO, ES EL MOMENTO DE APRENDER A GANAR UN POCO. BUENO, O MUCHO.

# CAPÍTULO 2
# CÓMO GANARLO

## ¿DE DÓNDE VIENE EL DINERO?

El dinero no aparece de la nada por arte de magia (a menos que hayas encontrado al genio de la lámpara maravillosa... y, de ser así, ¿qué estás haciendo con este libro?). Si quieres dinero, lo normal es tener que GANÁRTELO. TRABAJAR PARA CONSEGUIRLO. Y eso implica dar a cambio tu tiempo, energía y habilidades. Pero antes debes pensar...

## ¿POR QUÉ Y PARA QUÉ QUIERES EL DINERO?

Averigua lo que de verdad te importa.

¿QUÉ TIPO DE VIDA TE GUSTARÍA TENER?

¿QUÉ TIPO DE PERSONA TE GUSTARÍA SER?

¿UN FUTBOLISTA DE PRIMERA DIVISIÓN?

¿UN AUTÉNTICO ARTISTA?

¿ALGUIEN QUE SIEMPRE ESTÁ A LA MODA?

¿ALGUIEN QUE DONA SU DINERO A OBRAS SOLIDARIAS?

¿Y EN ESTE PRECISO MOMENTO?

¿TIENES ALGO EN MENTE PARA DECORAR TU HABITACIÓN?

¿O LE HAS ECHADO EL OJO A LA BICI DE TUS SUEÑOS?

Reflexiona sobre ello y anota tus conclusiones en un cuaderno, o crea un tablero de futuro, un mapa de sueños: un corcho donde puedas ir definiendo el futuro que imaginas para ti.

VACACIONES

COCHE

CASA

TABLERO DE FUTURO

MÚSICA

Para crear el tablero, anota o dibuja las cosas para las que quieres ahorrar. Recorta imágenes de revistas con lo que te gusta, haz una lista con objetivos, pon fotografías que te inspiren o palabras que te animen. **SÍ, YA SÉ, ES ALGO CURSI**, pero un toque de cursilería de vez en cuando no hace daño a nadie. Cuando tengas el tablero listo, míralo con atención. Tal vez descubras que algunas de las cosas que aparecen en él no cuestan ni un centavo, ¡y eso es genial! Colócalo en un lugar donde lo vayas a ver muy a menudo. Así recordarás adónde quieres llegar y lo que es importante para ti.

Ahora que ya debes de tener una idea de por qué y para qué quieres el dinero, veamos cómo puedes ganarlo.

## EL DINERO HOY

Tal vez ya recibas una mesada o algo de dinero extra para meter en la alcancía. Tal vez puedas hacer alguna tarea en casa, ganar un poco de dinero con algún trabajo de niñero u otra tarea adecuada a tu edad. O tal vez no. Hay familias que no pueden permitirse dar una mesada semanal a sus hijos, o que prefieren no hacerlo. Como se trata de algo que depende de los padres (los míos, por ejemplo, no podían), es mejor que no te enojes con ellos y tengas paciencia.

Ahora bien, si recibes una mesada, hay dos cosas que debes preguntarte:

1 ¿QUÉ NECESITA LA GENTE?

2 ¿QUÉ PUEDO OFRECER YO?

A la hora de hacer negocios, la necesidad o el deseo de alguien de conseguir algo debe coincidir con la posibilidad de que otro se lo ofrezca. Ahí nace la oportunidad de ganar dinero (¡TARÁN!), siempre que el otro esté dispuesto a pagar por lo que tú ofreces.

Esta última idea es importante, ¿OKEY? Puedes ser UN CRAC de los videojuegos. Quizá le ganes a todo el mundo. Pero los adultos con los que convives no necesitan que triunfes en ese campo, así que es muy poco probable que te paguen por ello. Aunque hoy en día hay trabajos, y, EJEM, muy bien pagados, que consisten en jugar y probar videojuegos. Sólo hay que ver la cantidad de seguidores que concentran los torneos de *gaming* a nivel mundial.

Siguiendo con las tareas que te podrían suponer un dinerillo extra, es improbable que te paguen por hacer cosas que deberías realizar de todos modos, como, por ejemplo, lavarte los dientes tres veces al día, hacer tu tarea o colaborar en los quehaceres de la casa (como ordenar tu habitación o poner y recoger la mesa).

**BUEN INTENTO... PERO VA A SER QUE NO.**

Si, en cambio, te ofreces a hacer algo extra, algo realmente útil, como escribir las tarjetas de Navidad o envolver todos los regalos de la familia, quizá sí tengas la oportunidad de conseguir un dinero extra.

**CONSIGUE UN EXTRA:** Hay trabajos con los que podrías conseguir un plus en función de tu rendimiento. De la misma forma, podrías negociar una mesada extra si mejoras tus calificaciones o logras algo especial. Pero recuerda: el dinero no debe ser el único objetivo, ni siquiera el principal, a la hora de esforzarte en esas tareas.

Querer hacer algo por lo que otra persona dice de ti o por lo que te promete que te dará es una **motivación externa**, viene de fuera. En cambio, hacerlo porque tú quieres es una **motivación interna**, viene de tu interior, y es la mejor de las motivaciones. Es como cuando pintas un cuadro o consigues pasar al siguiente nivel en un videojuego porque tú has querido hacerlo. Porque disfrutas del proceso. Cuando la motivación viene de dentro, te esfuerzas más, lo haces mejor y los logros son mucho más satisfactorios.

## ¿QUÉ QUIERES SER CUANDO SEAS GRANDE?

## EL DINERO MAÑANA

¡Que levante la mano a quien nunca le hayan hecho esa pregunta! A los adultos les encanta... Pero lo cierto es que es un poco irritante, porque te compromete y parece que todo está centrado en ejercer una buena profesión o tener un buen empleo en el que cobres mucho dinero. Sin embargo, hay otras maneras de ganarlo.

Sean cuales sean tus intereses y habilidades, habrá un trabajo que encaje **CONTIGO** (de hecho, ¡habrá muchos!). Y que me parta un rayo si no es así. Okey, es sólo una forma de hablar, pero estoy segura de que lo que digo es verdad. Y para que lo compruebes tú mismo...

PIENSA EN LAS COSAS QUE TE
EMOCIONAN Y TE INTERESAN.

EN LAS QUE SE TE DAN MUY BIEN
O QUE CADA VEZ SE TE DAN MEJOR.

Y SI HAY ALGUNA QUE SE TE DA
REALMENTE BIEN Y ADEMÁS POCA
GENTE SABE HACER, VAS POR EL
BUEN CAMINO.

Aunque la realidad, irritante pero aun así realidad, es que algunos trabajos están mejor pagados que otros. Éstos suelen ser los que la mayoría de la gente considera difíciles de realizar y de conseguir (porque requieren mucha formación y mucho tiempo para poder ejercerlos, incluso dinero para aprender a realizarlos). Digo «suelen» porque hay trabajos que requieren mucha formación pero son muy divertidos, en el ámbito de las artes y de la educación, por ejemplo, pero, por lo general, no están muy bien remunerados. Es evidente que no debería ser así y que es algo que **DEBE** corregirse. Pero eso no significa que no puedas dedicarte a ellos. Todas esas profesiones son necesarias para la sociedad. Y si te apasiona alguna de ellas, deberías seguir tu instinto. En el caso de que quieras más dinero del que esos trabajos pueden darte, quizá tengas que conseguir un trabajo extra, pero no te preocupes, ya llegaremos a eso.

Tampoco tienes que pensar que te quedarás en el mismo trabajo toda la vida. El mundo ya no funciona así. Antes, la gente solía aceptar un empleo y desarrollaba en él toda su trayectoria (con algunas excepciones, por supuesto). Hoy en día, saltar de un trabajo a otro es algo muy común. Y lo mismo ocurre con la economía **gig**, que engloba figuras como los trabajadores **freelance**; perfiles que colaboran tanto con grandes compañías como con particulares, entre los que no se da la relación empresario-trabajador estable de siempre y donde, si quieres ganarte un sueldo, tienes que estar saltando de un lugar a otro. Eso sí, es un modelo de trabajo que ofrece flexibilidad y variedad de tareas.

¿Te cuento un secreto? Yo misma he ido saltando de un trabajo a otro. Dejé un empleo fabuloso como abogada en el ayuntamiento de mi ciudad para convertirme en autora de libros para niños y jóvenes. Me encantaba la abogacía, pero trabajaba día y noche, y sentía que me faltaba algo. Quería tener tiempo para mí y dedicarlo a algo especial, algo que marcara la diferencia. Pensé mucho en lo que podría hacer. Y entonces llegué a una conclusión: siempre me ha gustado escribir y contar historias, y también me encanta hablar. Ser autora de libros infantiles me permite poder hacer **TODAS** esas cosas y marcar esa diferencia, y lo mejor de todo es que me he convertido en empresaria autónoma. Puedo conciliar a la perfección el trabajo con la vida personal y estoy viviendo el **MEJOR** de los momentos. En serio. Si quieres, puedes dedicarte a lo que sea. ¡El mundo es tuyo!

# PILOTO DE NAVE ESPACIAL
## CHEF DE COMIDA IMPRESA EN 3D
# TU FUTURO TRABAJO

La forma de entender el trabajo está cambiando, pero los trabajos en sí también. Cuando acabes de estudiar habrá carreras y empleos que ni siquiera existen hoy en día. ¡Imagínatelo! Trabajos como:

PILOTO DE NAVE ESPACIAL

GUÍA TURÍSTICO DEL ESPACIO

INGENIERO DE RECICLAJE

CONTROLADOR DE TRÁFICO AÉREO DE DRONES

CHEF DE COMIDA IMPRESA EN 3D

IMPRIME TU COMIDA 2050

La inteligencia artificial (IA) ya no es ciencia ficción. Los robots han llegado para quedarse. Algunos incluso los llevamos en el bolsillo (piensa en Siri, el asistente virtual de iPhone). Otros han encontrado un hueco en nuestro hogar, como Alexa, de Amazon.

¡ALEXAAAAAA!, AÑADE HELADO A LA LISTA DEL SÚPER.

¡ALEXAAAAAA!, PON UNA ALARMA PARA DENTRO DE 20 MINUTOS.

Vivimos en «casas inteligentes» en las que las luces, las cerraduras y demás mecanismos se pueden controlar a distancia. Ya hay coches autónomos capaces de circular y estacionarse sin la intervención del conductor. Incluso en algunos hospitales cuentan con robots que asisten a los cirujanos. Ahora bien, la IA también hace cosas no tan admirables, como, por ejemplo, analizar nuestros datos. Muchas plataformas recurren a ella para luego recomendarnos lo que podría gustarnos.

El mundo está cambiando. Por eso, lo mejor que puedes hacer es prepararte para el **cambio**. Y la mejor manera de hacerlo es adquiriendo algunas **habilidades**. Como, por ejemplo, **aprender a aprender**. «¿Y cómo? —te preguntarás—, ¿cómo voy a aprender a aprender? Es absurdo.» Lo que quiero decir es que tienes que convertirte en un CRAC del aprendizaje. Aprende lo que más te apetezca, desde un idioma nuevo hasta a ser un experto en códigos o a caminar sobre la cuerda floja. El caso es que debes averiguar qué **estrategias** te funcionan mejor a ti. Tal vez te guste leer sobre algún tema, observar a la gente (en la vida real o en video) y después copiar lo que has visto y, sobre todo, practicar, practicar y practicar. O tal vez prefieras pasar directamente de ver o escuchar a practicar por ti mismo (aunque vayas adaptando el aprendizaje a tu estilo). Lo importante es que seas bueno en aprender. Así, si quieres dedicarte a algo nuevo, sabrás cómo hacerlo.

Hay muchas otras habilidades que puedes adquirir e incorporar a tu vida y recurrir a ellas en futuros trabajos. Aquí tienes algunas muy interesantes:

### ADAPTARSE AL CAMBIO:

Imagina que trabajas en una fábrica de artículos hechos a mano. Eres **UN HACHA** fabricándolos. Pero, de repente, tu jefe te anuncia que van a fabricar un artículo nuevo. No puedes dedicarte a protestar. Tienes que adaptarte y ser flexible.

**TRABAJAR EN EQUIPO**

### COMETER ERRORES Y VER LAS COSAS DESDE OTRA PERSPECTIVA:

¡La regaste! Se suponía que tenías que pintar el artículo de color verde y lo pintaste de amarillo. ¡Tranquilo! No te tortures, acepta lo que ocurrió y piensa en cómo arreglarlo.

### TRABAJAR BIEN EN EQUIPO:

Tú solo no puedes hacer todo el trabajo: fabricar el artículo, venderlo, etc. Lo normal es trabajar en equipo. Sé amable con tus compañeros. Tómate la molestia de conocerlos. Si el equipo funciona, el producto funciona y el negocio funciona.

CORREGIR ERRORES ✔

## INTELIGENCIA EMOCIONAL:

Se trata de comprender tus emociones (y las de los demás) y de saber cómo gestionarlas. Si alguien está molesto por algo, ¿eres capaz de escucharlo? ¿De estar ahí para apoyarlo? Cuando te sientes mal, cuando estás frustrado y lo ves todo negro, ¿sabes pedir ayuda? ¿Qué tal se te da expresar tus emociones?

## CREATIVIDAD:

De repente, tu jefe te dio la oportunidad de diseñar un artículo nuevo. Pero, ¡uy!, no te consideras una persona demasiado creativa. No te lo creas: cualquiera puede ser creativo. Haz una lluvia de ideas. Anótalas o dibújalas en un papel, por muy absurdas que te parezcan. Permítete hacer un poco de tonterías. Cuéntaselas a un amigo o convoca una reunión con tu equipo. Sal a dar un paseo, escucha música, cualquier cosa que te sirva para inspirarte.

## PENSAMIENTO CRÍTICO:

Es como armar un rompecabezas o resolver un problema. Se trata de llegar al fondo de las cosas. Te acaban de dar **EL GRAN MANUAL DE CÓMO FABRICAR ARTÍCULOS**. Sí, okey, pero... ¿quién lo escribió? ¿Por qué dice esto y lo otro? ¿Hay una forma mejor, más rápida y más barata de fabricarlo? De eso trata el pensamiento crítico.

## TOMA DE DECISIONES:

Las decisiones pueden ser difíciles de tomar. ¿Qué calcetines te vas a poner para una reunión importante? ¿Cuántos artículos tendrías que producir? ¿A qué precio deberías venderlos? Tomar la decisión adecuada implica un proceso arduo. ¿Por dónde empiezas? ¿Qué método vas a usar para reflexionar al respecto? ¿Sopesarás los pros y los contras? ¿Necesitas más información para tomar una buena decisión?

## CONCIENCIA CULTURAL:

Tu fábrica está en el País de las Manzanas, pero en tu equipo tal vez haya alguien del País de las Peras. La gente de dicho país tiene mucho en común con la del tuyo, pero quizás hagan algunas cosas de forma distinta. Y ciertas costumbres de tu país tal vez resulten un poco raras para los habitantes del País de las Peras. **¡UPS!** Aprender sobre ese país extranjero es lo que se llama «conciencia cultural», y cuanto más lo hagas, mejor será para ti.

Y, por supuesto, si quieres que se te dé bien el **DINERO**, tienes que ser bueno con las matemáticas básicas: sumas, restas, multiplicaciones y divisiones. Aunque existen las calculadoras y las computadoras, y podemos usar el celular, es esencial dominar el cálculo mental. Intenta familiarizarte con los números desde la escuela, pero para entrenarte también encontrarás recursos increíbles en la red (páginas web, aplicaciones...), en libros, revistas... No te preocupes si sientes que eres un desastre para mate, ¡es sólo cuestión de práctica! Que no te asusten los números, ni equivocarte. Todo lleva su tiempo.

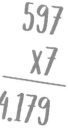

$$\begin{array}{r} 597 \\ \times 7 \\ \hline 4.179 \end{array}$$

$$\begin{array}{r} 84 \\ + 43 \\ \hline 127 \end{array}$$

## LA PRÁCTICA PUEDE SER MUY PODEROSA

Ser bueno en algo requiere práctica. **MUCHA** práctica. Horas y horas y horas de práctica. Semanas. Meses. En algunos casos, años. Pero, tranquilo, si te parece aterrador, traigo buenas noticias: **HAY** un código de trucos. Los aficionados a los videojuegos ya saben de qué hablo, ¿verdad? El código te permite subir de nivel, mejorar algún aspecto del juego o desbloquear pistas ocultas. Eso sí, el código de trucos definitivo para ser bueno en cualquier cosa (o, al menos, para ser mucho mejor que ahora) es ser constante en la práctica.

Eso significa que debes pensar en lo que tienes que mejorar y centrarte en ir paso a paso. Supongamos que quieres ser muy bueno haciendo un truco de magia. No vas a conseguirlo a la primera. Divide la tarea en todos los pasos que sea posible, pequeños movimientos de la mano, y ensáyalos uno a uno. Estudia los resultados para corregir tu actuación. Pide a un mago profesional que te indique qué puedes perfeccionar. La crítica favorece el aprendizaje. Los errores también ayudan a mejorarlo. Los errores son tus amigos.

Tu futuro empleo puede estar en una empresa, pero también en trabajar como **freelance** o ser un empresario autónomo y tener tu propio negocio. Son otras formas de ganar dinero. Lo mejor de estos modelos es que para empezar no dependes de nadie. Puedes montar un negocio **YA. AHORA MISMO**. (Bueno, okey, ahora mismo igual no, pero por eso debes seguir estudiando, haciendo la tarea y aprendiendo todo lo posible de cara al futuro.)

## GUÍA PASO A PASO PARA CREAR TU PROPIO NEGOCIO

### PASO 1. ¿QUÉ SE TE DA BIEN?

Haz una lista con todas las cosas que te interesan y con todo lo que se te da bien o podría llegar a dársete bien. ¡Te servirá de inspiración para los pasos 2 y 4!

### PASO 2. ¿A QUIÉN QUIERES AYUDAR?

Plantéate a quién quieres ayudar. Ése será tu cliente. Y tu cliente, además de necesitar o desear algo que tú puedas ofrecerle, debe estar dispuesto a pagar por ello. ¿Quién es ese cliente y qué necesita?

### PASO 3. ¡INVESTIGA!

¿Quién más le está dando a tu posible cliente lo que necesita? ¿Cuánto cobra por ello? ¿Lo está haciendo bien? ¿En qué crees que falla? ¿En qué podrías hacerlo mejor que él?

## PASO 4. RESUELVE PROBLEMAS

Piensa en cómo resolver el problema de otra persona. Si te piden un sombrero elegante, hazles un sombrero elegante. Si necesitan un vaso de limonada en un caluroso día de verano, tenlo listo. Elige ALGO con lo que empezar y céntrate en hacerlo posible.

## PASO 5. PLANIFICA

Saca un cuaderno y profundiza un poco en la idea: ¿dónde venderás el producto? ¿En una tienda física? ¿En una online? ¿Cómo vas a anunciarte? ¿Necesitarás dinero para materiales o equipo básico? ¿Has ahorrado lo suficiente o necesitas que te presten algo tus padres? ¿Tienes que pedir algún permiso para empezar? ¿Necesitas capacitación? ¿Que tu abuela se siente a tu lado y comparta contigo su receta secreta de galletas? ¿Un equipo de gente?

## PASO 6. PON A PRUEBA LA IDEA

Consulta entre los clientes potenciales a quienes va dirigida la idea y trata de mejorarla a raíz de sus opiniones. En función de los comentarios que recibas, tal vez tengas que retroceder y modificar las respuestas del paso 5.

## PASO 7. EMPIEZA

Ponte manos a la obra. Pero, a medida que vayas modificando el producto o servicio y lo hagas cada vez mejor, vuelve al paso 6. Ponlo en práctica de nuevo, consigue *feedback* y mejora la idea. Y así cada cierto tiempo. Lograrás que los clientes te valoren y... los harás felices.

# PIONEROS INCREÍBLES

Si te parece que todo esto es mucho trabajo, si crees que el camino que te queda por recorrer es largo, no te preocupes. Hay mucha gente de la que aprender, y la clave es empezar paso a paso. El mundo está lleno de personas que comenzaron con poco y construyeron una empresa prácticamente desde cero.

**NOMBRE:** STEVE JOBS
**PAÍS:** ESTADOS UNIDOS
**EMPRESA:** APPLE
**EDAD CUANDO CREÓ EL NEGOCIO:** 21 AÑOS

## ¿POR QUÉ LO HIZO?

Para crear una computadora personal asequible en una época en la que las computadoras eran supercaras y muy complicadas de usar.

## ¿CUÁL ES SU HISTORIA?

En 1975, Steve Jobs y Steve Wozniak se reunieron en un garaje de Palo Alto, en California, para construir una computadora (a Wozniak se le daba bien: ¡había armado su primera computadora a los trece años!). Aunque sólo vendieron unas pocas unidades, invirtieron el dinero que ganaron para mejorar sus diseños. En 1977, el Apple II les hizo ganar más de tres millones de dólares durante el primer año y más de doscientos en los dos años siguientes. Aunque las cosas no siempre fueron fáciles para Jobs. Tras tener que lidiar con ciertos problemas de liderazgo en la empresa que había fundado, renunció y se marchó, para luego, en 1997, volver como presidente ejecutivo. Fue entonces cuando lanzó algunos de los productos más icónicos de la firma, como el iMac, el iPod, el iPad y el iPhone.

**NOMBRE:** INGVAR KAMPRAD

**PAÍS:** SUECIA

**EMPRESA:** IKEA

**EDAD CUANDO CREÓ EL NEGOCIO:** 17 AÑOS

## ¿POR QUÉ LO HIZO?

Porque la gente quiere cosas asequibles para el hogar. Y, como descubrió más tarde, porque quiere aún más que esas cosas asequibles para el hogar vengan embaladas en paquetes planos para ahorrar espacio a la hora de transportarlas, lo cual también resulta económico.

## ¿CUÁL ES SU HISTORIA?

Cuando tenía cinco años, Ingvar vendía cerillos a sus vecinos. A los siete descubrió que podía comprarlos al por mayor y venderlos al menudeo y así obtener más beneficios. A los diecisiete, con el dinero que le había dado su padre por haber sacado buenas calificaciones, montó su empresa: IKEA. Empezó comerciando con plumas y marcos de fotos a bajo precio, y con el tiempo se dedicó a vender muebles por catálogo, con lo que obtuvo un gran éxito. Un día, un diseñador de IKEA decidió quitarle las patas a una mesa para que cupiera en un coche. Eso supuso el comienzo del fenómeno de los paquetes planos que ha hecho famoso al gigante sueco.

## NOMBRE: ANITA RODDICK
## PAÍS: REINO UNIDO
## EMPRESA: THE BODY SHOP
## EDAD CUANDO CREÓ EL NEGOCIO: 33 AÑOS

### ¿POR QUÉ LO HIZO?

Para fabricar cosméticos totalmente naturales y **NO** probados en animales (algo muy poco habitual en aquella época).

### ¿CUÁL ES SU HISTORIA?

Anita pidió un préstamo para montar su primera tienda. Era pequeña, vendía unos veinte productos en cinco tamaños distintos y con etiquetas escritas a mano. Los clientes adoraban aquellos cosméticos no probados en animales, y el negocio fue creciendo y creciendo. Mientras trabajaba en su empresa, se implicó en hacer campaña contra la prueba de productos cosméticos en animales, práctica que a la larga se prohibió en Reino Unido. Pero su historia no acaba ahí. Anita viajó por todo el mundo en busca de las mejores materias primas naturales para sus productos. Conoció y apoyó a productores locales y compartió sus testimonios, para asegurarse de que se les pagaba un precio justo. Su negocio tuvo un gran éxito y, al mismo tiempo, marcó una diferencia enorme con respecto a sus competidores.

SEGURO QUE ESTÁS PENSANDO: «PERO TODAS ESTAS PERSONAS FUNDARON SU EMPRESA CUANDO YA ERAN ADULTOS...». TIENES RAZÓN, POR ESO VAMOS A VER AHORA CASOS DE EMPRENDEDORES QUE EMPEZARON MUY PRONTO.

**NOMBRE: TILAK MEHTA**
**PAÍS: INDIA**
**EMPRESA: PAPERS N PARCELS**
**EDAD CUANDO CREÓ EL NEGOCIO: 13 AÑOS**

## ¿POR QUÉ LO HIZO?

Porque un día olvidó en casa de su tío los libros que necesitaba para estudiar para un examen. Buscó empresas de mensajería que entregaran en el mismo día, pero la tarifa era desorbitada. «¡Tiene que haber un modo más barato de hacerlo!», se dijo.

## ¿CUÁL ES SU HISTORIA?

Tilak creó en Bombay su propia empresa de entrega de paquetes en el mismo día. Para ello se unió a los famosos *dabbawalas*, repartidores locales muy organizados y fiables que llevan en bicicleta comida recién cocinada a los lugares de trabajo. De este modo, Tilak creó un negocio de entrega muy rápido y en el mismo día y, al mismo tiempo, dio a los *dabbawalas* la oportunidad de tener ingresos extra. El tío de Tilak es el director general de la empresa y se encarga de dirigir el negocio mientras su sobrino sigue con sus estudios. Tilak lo ayuda durante las vacaciones y los fines de semana. Papers N Parcels ha crecido mucho: cuenta con aplicación propia y un equipo de más de ciento cincuenta empleados y trescientos socios *dabbawala*.

**NOMBRE:** MIKAILA ULMER
**PAÍS:** ESTADOS UNIDOS
**EMPRESA:** ME & THE BEES
**EDAD CUANDO CREÓ EL NEGOCIO:** 4 AÑOS

## ¿POR QUÉ LO HIZO?

Porque a la gente le encanta la limonada, y ella tenía una buena receta. Y porque podía ofrecer ese producto y al mismo tiempo hacer algo bueno por las abejas.

## ¿CUÁL ES SU HISTORIA?

Mikaila sabía mucho de abejas porque le picaron dos veces en una misma semana cuando tenía cuatro años. Al principio le daban miedo, pero luego descubrió lo importantes que son. Así que, con la receta de jugo de limón con linaza y miel de su abuela y la ayuda de sus padres, montó un negocio que dona un porcentaje de sus beneficios a organizaciones que trabajan para la protección de estos insectos. Empezó vendiendo en una mesa a la puerta de su casa, pasó a abastecer a una pizzería local y pocos años después su limonada se vendía en cientos de tiendas de Estados Unidos.

# NOMBRE: MOZIAH BRIDGES
# PAÍS: ESTADOS UNIDOS
# EMPRESA: MO'S BOWS
# EDAD CUANDO CREÓ EL NEGOCIO: 9 AÑOS

## ¿POR QUÉ LO HIZO?

Te hizo gracia lo de crear un sombrero elegante si te lo piden, ¿verdad? Bueno, pues Mo creó algo parecido: un negocio de corbatines hechos a mano porque no encontraba nada que encajara con su estilo y su personalidad. Los corbatines que vendían en las tiendas le parecían demasiado sosos.

## ¿CUÁL ES SU HISTORIA?

En 2011, Mo montó un taller en Memphis, en la mesa de la cocina de su abuela. Él mismo diseñaba los corbatines y, al principio, su madre y su abuela lo ayudaban a confeccionarlos (su abuela también le enseñó a coser). Con el tiempo, los corbatines de Mo empezaron a venderse en varias tiendas, y en 2017 firmó un contrato para diseñar durante un año ¡los de los treinta equipos de basquetbol de la NBA!

# ¡AHORA TE TOCA A TI!

Aquí tienes algunas ideas de negocio con las que podrías empezar ya:

Montar un puesto de limonada (o de cualquier tipo de jugo)

Cuidar y bañar mascotas

Montar un puesto de galletas o panquecitos caseros (¡YUM!)

Hacer recados para ayudar a ancianos

Vender regalos y canastas por encargo

Realizar actuaciones musicales (solo o con un grupo)

Diseñar y vender tarjetas de felicitación hechas a mano

Vender velas hechas a mano

Montar un servicio de paquetería de regalos y envoltorios

Construir cosas con materiales reciclados y venderlas

Lavar coches

Dar clases de repaso a niños (de una materia que se te dé muy bien)

Prestar servicios de jardinería

Prestar servicio de reparaciones (de computadoras, por ejemplo)

Diseñar joyas

Diseñar páginas web

Diseñar y fabricar camisetas (o cualquier otra prenda)

Ofrecer almacenaje de fotografías (y venta de licencias online, como Shutterstock)

Organizar fiestas

Bloguero, youtuber, influencer (aunque necesitarás permiso de tus padres)

DJ o animador de fiestas infantiles

Pasear perros

¿Qué más se te ocurre?

# EN POCAS PALABRAS

❋ **PIENSA EN TUS OBJETIVOS.** El **tablero de futuro**, tu mapa de sueños, puede ser de mucha utilidad. Cuélgalo en un lugar donde lo tengas siempre a la vista.

❋ **SI TIENES LA OPORTUNIDAD DE RECIBIR UNA MESADA, PREGÚNTATE:** ¿Qué necesita o qué quiere la gente? ¿Qué puedes ofrecerles?

❋ **HAY MUCHOS TRABAJOS ESPERÁNDOTE.** Piensa en lo que te interesa y te emociona.

❋ **EL MUNDO ESTÁ CAMBIANDO.** Y deprisa. Así que conviértete en un EXPERTO en aprender cosas nuevas.

❋ **CONSEGUIR SER BUENO EN ALGO PUEDE LLEVARTE HORAS Y HORAS DE PRÁCTICA.** A veces semanas, meses o incluso años. ¿El mejor tipo de práctica? La constante.

❋ **OTRA MANERA DE GANAR DINERO ES CONVERTIRTE EN EMPRENDEDOR.** De nuevo, depende de las necesidades y los deseos de la gente. Prueba la idea, averigua lo que piensa el consumidor de ella, haz los ajustes pertinentes y vuelve a empezar de cero.

❋ **MONTAR UN NEGOCIO NO ES FÁCIL,** pero hay mucha gente que comenzó con algo pequeño y logró hacer cosas increíbles, algunas incluso cuando eran muy jóvenes. Quizá tú puedas ser uno de ellos.

---

**UNA VEZ QUE EMPIECES A GANAR DINERO, TENDRÁS QUE SABER QUÉ HACER CON ÉL, ¿NO? VAMOS, PREPÁRATE ALGO DE COMER Y PONGÁMONOS MANOS A LA OBRA.**

# CAPÍTULO 3
# CÓMO GASTARLO

Ya tienes algo de DINERO.

# ¡POR FIIIN!

### ¿Y ahora qué? ¿Dónde y cómo vas a GASTÁRTELO?

En primer lugar, menos derrochar y más reflexionar. Gastar es una cuestión de **elecciones**. Si no tenemos mucho dinero, deberemos decidir en qué gastarlo, pero también en qué cantidad, cuánto ahorrar, cuánto invertir y cuánto donar. Y hay que pensarlo bien porque cuando gastamos en una cosa dejamos de hacerlo en otra.

Sí, también hay un nombre para esto: «**costo de oportunidad**», el valor de aquello a lo que renunciamos cuando tomamos una decisión económica. Imagina que estás en una heladería y sólo tienes dinero para una bola; puedes elegir entre chocolate y fresa. Si eliges chocolate, no puedes tomar fresa. El costo de oportunidad de elegir el chocolate es la bola de fresa a la que debes renunciar. Y viceversa.

Pero gastar dinero es también una cuestión de **prioridades**. Hay cosas más importantes que otras, así que, antes de empezar a gastar, debes averiguar qué es lo que más te importa.

## PRIMERO DEBES PREGUNTARTE: ¿REALMENTE LO NECESITO O SÓLO LO QUIERO?

LAS NECESIDADES SON COSAS IMPRESCINDIBLES, COMO LA COMIDA, EL AGUA, ROPA BÁSICA PARA VESTIR Y UN LUGAR SEGURO DONDE VIVIR.

LOS DESEOS, EN CAMBIO, ES LO QUE TE APETECE TENER O EXPERIMENTAR: COSAS LUJOSAS, DIVERTIDAS, COMO, POR EJEMPLO, ESE TELÉFONO QUE TE GUSTA TANTO, AQUELLA CHAMARRA QUE TE QUEDARÍA GENIAL O ESA PELÍCULA QUE ESTRENAN EN EL CINE Y QUE NO QUERRÍAS PERDERTE POR NADA DEL MUNDO.

Las necesidades son lo primero. Probablemente hoy hay alguien que se ocupa de que las tengas todas o casi todas cubiertas, pero ¿y mañana? Mañana, ése será tu trabajo, así que debes saber identificarlas. Porque en un futuro no te gustaría gastarte todo el dinero en un abrigo precioso, unos tenis geniales o en teñirte el pelo, y no tener para comer el resto de la semana.

# ¿ME ESTÁN MANIPULANDO CON LA PUBLICIDAD ENGAÑOSA?

¿Recuerdas que en el último capítulo hablamos de **habilidades**? Pues bien, la gente que trabaja en publicidad es muy hábil a la hora de hacerte creer que **necesitas** lo que en realidad **deseas**. Nos acechan de muchas formas: con anuncios en la tele e internet, en grandes vallas publicitarias, en las cajas de los cereales, con el emplazamiento publicitario en películas y series... Los publicistas tienen escondido bajo la manga un abanico enorme de trucos.

**TRUCO NÚMERO 1:** Asociaciones. A nuestro cerebro le gusta relacionar ideas, imágenes e incluso sentimientos. Si en un anuncio aparece un grupo de amigos divirtiéndose y compartiendo una tableta de chocolate de una determinada marca, tu cerebro recibirá el mensaje «YO, MIS AMIGOS Y... EL CHOCOLATE MÁS RICO DEL MUNDO», y de inmediato te sentirás relajado y feliz, como si estuvieras pasando el rato con ellos. La publicidad inteligente puede hacer que nuestra mente cree este tipo de asociaciones.

## TRUCO NÚMERO 2: Famosos e influencers.

Recurrir a ellos para que publiciten un producto en películas, anuncios o redes sociales es una de las estrategias más comunes. La táctica se basa en que, cuando vemos que a personas a las que admiramos les gusta un producto, automáticamente pensamos que es porque éste es bueno. Pero la realidad es que esos famosos cobran por hacer publicidad de la marca, lo cual no significa que la usen. Qué inteligentes somos, ¿eh? Jamás caeríamos en una trampa como ésa. Pues lo cierto es que caemos, y muy a menudo.

## TRUCO NÚMERO 3: El miedo.

Nada es más efectivo para ponernos en movimiento que el **MIEDO**. Los publicistas lo saben, y asustándonos consiguen hacernos creer que nuestros **deseos** son **necesidades**.

«SI NO USAS ESTA PASTA, LOS DIENTES SE TE PONDRÁN NEGROS Y SE TE CAERÁN.»

Otro tipo de miedo con el que juegan es el síndrome **FOMO** (por sus siglas en inglés, «*Fear Of Missing Out*», que significa tener miedo a perderse de algo), la necesidad compulsiva de estar al día, de tener lo último, porque parece que todo el mundo lo tiene (¡o lo tendrá muy pronto!) y no podemos quedarnos atrás.

**TRUCO NÚMERO 4:** La repetición. La publicidad nos golpea una y otra vez hasta que aquello que quieren vendernos se nos queda grabado en la memoria. Si nos dan a elegir, tendemos a preferir las cosas que nos resultan familiares, porque FAMILIAR = DE CONFIANZA, seguro. Además, sorprendentemente, si vemos u oímos algo las veces suficientes, es probable que creamos que es cierto. Con el tiempo, hay muchas posibilidades de que empecemos a creer que necesitamos ese producto para ser felices, populares, para organizarnos, llevar una vida saludable, etc.

Sin embargo, no sólo nos influye la publicidad. También lo hacen nuestros modelos: personas a las que admiramos, iconos de moda, amigos. Sí, nuestros amigos también. No es que nos controlen o nos digan qué tiene que gustarnos y qué debemos comprar. O, por lo menos, ¡espero que no sea así! Pero sí que nos preocupa qué dirán, qué pensarán. Queremos que nos acepten y nos quieran. Así que seguimos comprando cosas para sentirnos mejor, más a la moda, con más éxito, cosas con las que nos envidiarán o nos querrán más.

La cuestión es que **NUNCA DEJAMOS DE QUERER COSAS.** *Seré feliz cuando consiga…*

CELULAR – CHAMARRA – VACACIONES – TELE – BICI – LAPTOP – BOLETOS DE CINE – ZAPATOS – VIDEOJUEGOS – BOLETOS DE CONCIERTO – MOTO – TENIS INCREÍBLES – BOLSO – PULSERA – DISCOS – AUDÍFONOS

Siempre habrá algo más bonito, más genial, más nuevo a la vuelta de la esquina. Y podemos acabar gastando mucho dinero de esta manera. Si no vamos con cuidado, consumir de este modo puede llegar a ser bastante peligroso.

La mejor forma de combatir la publicidad, e incluso la presión de los amigos, es trabajar para sentirnos **BIEN** con nosotros mismos, con lo que somos, con nuestra manera de ser. Y contentarnos con lo que tenemos. Evidentemente, eso no significa que no podamos soñar. Los sueños son importantes. Pero tu felicidad no puede depender de comprarte cierta **COSA**. Una vez que tus necesidades básicas estén cubiertas, la felicidad no puede depender de un objeto. Uno no abre una caja y encuentra la felicidad ahí guardada. La felicidad está en nosotros, en nuestro interior. Y lo mismo sucede con los amigos: los verdaderos no te juzgarán porque no tengas los tenis más modernos o el último videojuego.

## TU ARMA SECRETA

La **gratitud** es tu arma secreta en la guerra contra el deseo sin control. Cuanta más atención prestes a las cosas que tienes y a lo afortunado que eres por ello, menos tiempo pasarás pensando en lo que le falta a tu vida. En última instancia, esa carencia es la razón por la que queremos comprar cosas, porque sentimos que nos falta algo y que si pudiéramos conseguir esos tenis, seríamos más inteligentes, más geniales, más felices y todo sería perfecto. Mostrarse agradecido aquí y ahora es como recordarnos a nosotros mismos que en nuestra vida no hay ningún vacío en forma de tenis que tengamos que llenar. Ya está todo bien.

Así que, cada día, antes de irte a dormir, escribe tres cosas por las que quieras dar las gracias. Puede ser cualquier cosa. Algo grande, algo pequeño, lo que tú quieras. Tres cosas.

# PRESUPUESTO

Una vez que distingas entre necesidades y deseos, puedes elaborar un **presupuesto**. Un presupuesto es algo así como un **plan** para controlar el dinero. Y se divide en dos partes:

**DINERO ENTRANTE** (ingresos)
**DINERO SALIENTE** (gastos)

Elabora una bonita tabla como ésta. No dejes que te intimide. Se trata de una idea muy sencilla:

| DINERO ENTRANTE | ESPERADO | REAL |
|---|---|---|
| Mesada | | |
| Dinero extra ganado | | |
| Dinero que te regalan | | |
| Total | | |

| DINERO SALIENTE | ESPERADO | REAL |
|---|---|---|
| Cuenta de ahorros | | |
| Helados | | |
| Cine | | |
| Tenis | | |
| Donación para la biblioteca municipal | | |
| Total | | |

Anota la cantidad de **DINERO ENTRANTE** que crees que vas a recibir este mes. Es decir, cosas como tu mesada o el dinero que ganarás por realizar las tareas domésticas (si lo recibes), el que te regalan, lo que cobras por algún «trabajillo» (si lo tienes) y, en el futuro, el que ganes trabajando.

En cuanto al **DINERO SALIENTE**, apunta todas las cosas en las que has pensado gastar. Verás que en la primera línea aparece **«cuenta de ahorros»**. Aunque no se trata de un **gasto** propiamente dicho, lo añadimos porque nos parece muy buena idea ceñirse al siguiente principio:

**Págate primero a ti.** En lugar de ahorrar el dinero que te sobre, guarda algo antes de gastar nada. En este caso utilizamos el término «ahorro» de un modo poco preciso para hacer referencia a lo que no vas a gastar porque tal vez lo metas en una cuenta de ahorros o lo inviertas de alguna forma. (Tranquilo, en los próximos capítulos hablaremos de cómo hacerlo.)

Una vez que hayas llenado tu pequeña tabla, puedes comparar el total del **DINERO ENTRANTE** con el total del **DINERO SALIENTE**. El total del segundo no debería superar al total del primero. Si es así, es que estás por encima del presupuesto.

**DINERO ENTRANTE**

**DINERO SALIENTE**

# ¡MUCHO OJO CON EL PRESUPUESTO!

Si te pasas, es porque estás intentando gastar un dinero que no tienes. **CUIDADO**, en ese caso tendrás que encontrar la manera de ganar un poco más o de recortar los gastos extra. **CONSEJO**: Si puedes, haz ambas cosas.

Ahora bien, recuerda que de momento sólo son cifras previstas. A medida que vaya avanzando el mes, irás anotando las reales, así que asegúrate de guardar todos los recibos. Tal vez las cifras previstas estén por encima del presupuesto, pero, gracias a tu **GENIAL** plan para recortar gastos o para lograr aportaciones extra (¡o ambas cosas!), seguro que ya estás por debajo.

## QUE **ENTRE DINERO** ES MUCHO MEJOR QUE SALGA. ¡ADELANTE!

Ahora ya puedes ahorrar esa cantidad extra (la diferencia entre el entrante y el saliente). O donarla. O pasarla como positivo al mes siguiente. Sea lo que sea lo que decidas hacer, las cosas pintan bien. ¡CHOCA ESOS CINCO!

## AUN ASÍ, DÉJAME DECIRTE UNAS PALABRAS SOBRE EL DINERO MÁGICO

Cuando conseguimos dinero que no hemos ganado y que no esperábamos —cuando nos lo regalan o nos encontramos un billete en el fondo del sofá o en la calle—, tendemos a tratarlo como si fuera MÁGICO. No solemos dedicarlo a cosas aburridas, **necesarias**, sensatas, como sería el ahorro o la inversión. En lugar de eso, la mayoría de las veces tendemos a derrocharlo en cosas que quizá no necesitamos. Pero recuerda esto:

### EL DINERO MÁGICO NO EXISTE.

Es sólo dinero. El dinero que te regalan es exactamente igual que el que tanto te cuesta ganar. Así que trátalo de la misma manera y piensa cuidadosamente cuánto gastar, cuánto ahorrar, cuánto invertir o cuánto donar.

# CUANDO GASTES DINERO, GÁSTALO BIEN

Cuando estés listo para empezar a gastar, tienes que actuar de forma inteligente. ¿Vas a invertirlo todo en cosas que duran poco, como comerte un helado o ir al cine? Es cierto que están muy bien mientras las disfrutas, pero luego... ¡PUF...! se acaban. ¿O vas a invertirlo en cosas que duren más porque puedes guardarlas, reutilizarlas y disfrutarlas una y otra vez, como, por ejemplo, un libro o un juego? A la hora de decidir deberías tener en cuenta que es mejor no comprar por impulso, evitar la moda rápida y desconfiar de las buenas ofertas, porque no suelen ser tan «buenas» como parecen.

## COMPRAS IMPULSIVAS

Son aquellas en las que adquirimos algo sin pensarlo demasiado, decisiones que tomamos en el momento y que nos proporcionan un CLIC efímero de felicidad. **TEN CUIDADO CON ELLAS.** Consumir así es como ir sin frenos cuesta abajo. Si lo haces muy a menudo, te quedarás sin dinero en poco tiempo. Antes de comprar algo pregúntate: «¿De verdad lo necesito?». Si no es así, **DÉJALO DONDE ESTABA.**

Protégete de las compras impulsivas con una buena planificación (las listas y los presupuestos son tus mejores aliados).

Las tarjetas bancarias para niños suelen estar vinculadas a la cuenta de un adulto. Por lo general, tienen una aplicación asociada que te permite hacer seguimiento de los gastos, ahorros y donaciones. También cuentan con un límite de gasto, así no te pasas del presupuesto.

Pero ten cuidado. Las tarjetas, aunque muy útiles, hacen que sea muy fácil gastar de más. Conllevan una forma tan rápida y sencilla de consumir que uno ni siquiera tiene la sensación de que está pagando con ellas. Por eso a veces es mejor recurrir al dinero en efectivo. Los billetes y las monedas hay que sacarlos de la cartera y contarlos, y eso nos da más tiempo para pensar en lo que estamos haciendo. Además, vemos que el dinero desaparece físicamente. **¡NOP!** Con la tarjeta no se tiene la misma sensación.

## MODA RÁPIDA

La ropa barata y genial puede parecerte una ganga, pero tienes que ir con cuidado. Quizá sea barata porque es de mala calidad. Muchas tiendas hacen un gran negocio con la ropa. Renuevan los modelos muy a menudo y, como todo es muy barato, te da la sensación de que estás recibiendo más a cambio de tu dinero. Pero, debido a la calidad, esas prendas no durarán mucho y al cabo de poco tendrás que reemplazarlas. A la larga acabarás gastando más.

Tampoco hay que olvidar que esta práctica produce muchísimos residuos y un gran estrés en el medioambiente. Todo el tejido de las prendas que desechas, y que no se dona a una ONG o se recicla, acaba en el vertedero (se calcula que cada segundo tiramos a la basura el equivalente a un camión lleno de ropa). Las emisiones de carbono son también un gran problema: un informe de la ONU asegura que la industria de la moda consume más energía que el transporte aéreo y el marítimo juntos. ¡Increíble, ¿verdad?! Además, muchas de las prendas de moda rápida están confeccionadas con materiales sintéticos, que pueden llegar a liberar hasta setecientas mil microfibras en el medioambiente con cada lavada, con lo que se contaminan los océanos y se daña la vida marina. **¡PIENSA EN TODAS LAS ESPECIES QUE VIVEN EN EL MAR!**

# CUIDADO CON LAS OFERTAS ESPECIALES NO TAN ESPECIALES

Las ofertas especiales están **EN TODAS PARTES**. Para entender por qué tienen tanto éxito, hay algo que debes saber acerca del cerebro humano. Éste es muy bueno en casi todo lo que hace, pero su diseño se remonta mucho tiempo atrás, y, desde entonces, ha cambiado poco. En sus inicios funcionaba con el fin de ahorrar energía, porque en las épocas primitivas la necesitábamos para cosas importantes como luchar contra los depredadores o cazar para alimentarnos. No podíamos gastarla toda reflexionando

y tomando decisiones, acciones que requieren un montón de energía. Y tiempo, otro recurso valioso.

Por eso el cerebro siempre ha recurrido a **atajos** para ayudarnos a tomar decisiones. Y hoy en día sigue haciéndolo, a pesar de que ya no tenemos que preocuparnos de que nos ataque un tigre de dientes de sable o de que un oso gigante nos quiera zampar para desayunar. Aun así, a la hora de comprar, esos atajos mentales pueden acarrearnos problemas. Los publicistas lo saben y se aprovechan de ello.

**El efecto ancla...** Para ahorrar tiempo y energía, cuando nuestro cerebro compara dos cosas, utiliza una de las dos como ancla. Cuando vemos una etiqueta con un precio tachado y un precio rebajado escrito debajo, el primer precio se convierte en el ancla. En lugar de pensar en el precio en términos de **costo de oportunidad** (como ya hemos visto), es decir, comparándolo con lo que estamos renunciando a comprar, nos hace pensar en la increíble «ganga» que tenemos delante de nuestras narices. Pues, amigo, siento decirte que ESO SÓLO ES UN ANZUELO.

Además, cuando se trata de precios rebajados, damos por hecho que ningún vendedor ha inflado los precios de origen para simular que ofrece un descuento. Y sin embargo todos conocemos tiendas que parecen estar eternamente de rebajas, ¿verdad? Es una estrategia. ¡Y funciona!

## EL ANZUELO DESCARADO

También es posible que hayas caído en una trampa similar cuando compras palomitas en el cine. ¿Has visto alguna vez tres tamaños de cubos parecidos a éstos?

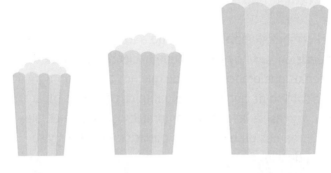

**PEQUEÑO: 5.25 €**   **MEDIANO: 7 €**        **GRANDE: 8 €**

El precio del tamaño mediano es el anzuelo, ¡una distracción! Probablemente no necesitas comerte el tamaño grande, pero piensas: «¿Por qué no? Por un euro más... no tiene sentido comprar el mediano». Eres una persona sensata, así que tomas una decisión sensata. Exactamente la que el vendedor quiere que tomes.

## PARECE UNA GANGA, PERO NO LO ES

Estamos hechos para detectar rebajas. Vibramos con carteles como éstos:

 Y

Al ver la palabra **«GRATIS»**, en nuestra mente se acciona un pequeño interruptor, **¡CLIC!**, como cuando hacemos una compra impulsiva. Las gangas nos encantan, pero ¿de verdad son gangas? Si no necesitas el artículo en cuestión y no ibas a comprarlo, la respuesta es **NO**.

La misma regla se aplica a los cupones y códigos de descuento. A menudo verás cupones u ofertas de compra múltiple en artículos perecederos, como es el caso de los alimentos que caducan pronto, y, ¿lo adivinas?, esas cosas de más suelen acabar en la basura. ¿Has oído hablar de las montañas de desperdicios? ¿Kilos y kilos de comida que se desechan? Lo sé... no es agradable. En realidad, es bastante desagradable.

Conclusión: **DETENTE. REFLEXIONA.** Pregúntate: «¿De verdad lo necesito?», «¿Es una buena oportunidad?».

**OYE, PERO... QUERER COSAS TAMBIÉN ES BUENO**.
Claro, siempre y cuando primero hayas atendido tus necesidades básicas y hayas pensado en el futuro. Por supuesto que puedes derrochar de vez en cuando, no estoy diciendo que no lo hagas. No soy un **OGRO**.

## INVESTIGA

Date un paseo y compara precios de productos similares en distintas tiendas. Recuerda que los productos de marca propia de los supermercados suelen ser más baratos que los de marcas líderes, y, ¿quién sabe?, tal vez descubras que son igual de buenos o incluso mejores. Puedes hacer una prueba en casa. Si se trata de alimentos, organiza una cata a ciegas con tu familia con un producto de marca conocida y otro de marca propia: que valoren el mejor y a ver si identifican cuál es cuál.

Hay una gran diferencia entre **PRECIO** y **VALOR**. El precio es lo que pagas por algo. El valor es lo que realmente vale para ti. Si pruebas la tableta de chocolate con leche de marca propia del supermercado y descubres que sabe mejor que el chocolate de la marca más conocida, y además es más barata, entonces ¡es que es mucho más valiosa!

Siempre que puedas, busca opiniones de otros consumidores. Hay muchas páginas web que recogen los comentarios de los usuarios acerca de los productos que compran. Aunque, recuerda, no debes tomártelos todos al pie de la letra; también los hay falsos (tanto positivos como negativos).

## NOTA AL MARGEN: ANTE TODO, SEGURIDAD

Cuando seas mayor y compres productos por internet, cerciórate de que tienes una conexión segura y un antivirus que te proteja de las webs perniciosas. Las faltas de ortografía y los avisos de seguridad de tu computadora pueden alertarte de que el sitio no es de fiar. También son peligrosas las ofertas que suenan demasiado bien para ser verdad o los premios fantásticos que te ofrecen sin motivo. Si abres uno de esos enlaces, podrías dar entrada a virus o un hacker en tu celular o en tu computadora. **¡UPS!** Comprueba siempre que junto a la dirección web aparece el símbolo del candado. Si al seleccionarlo salta una advertencia, cierra la web de inmediato.

Por otro lado, cuando una página te pida que guardes los datos de tu tarjeta de crédito, selecciona siempre «**NO**». Ten mucho cuidado con la información personal, las contraseñas y los PINS. No se los des a nadie. Podrías tener muchos problemas si caen en las manos equivocadas: alguien podría hacerse pasar por ti y **robarte la identidad**, acceder a tu cuenta y robarte... Por eso no es buena idea utilizar contraseñas fáciles, como la fecha de tu cumpleaños.

# EN POCAS PALABRAS

**✳ DISTINGUE ENTRE NECESIDADES Y DESEOS.**
Cuidado con la publicidad engañosa, que
intenta hacerte creer que lo que quieres
es una necesidad básica.

**✳ ¡PRESUPUESTO!** Incluye en él todo tu dinero,
incluso los extras inesperados. El dinero mágico no existe. Venga
de donde venga, todo el dinero es igual. Y precisamente por eso,
a todo le aplicaremos la misma regla: «Págate primero a ti».

**✳ EVITA LAS COMPRAS IMPULSIVAS.** ¡Tú puedes! Y ten cuidado
con las ofertas especiales no tan especiales.

**✳ NO ES LO MISMO EL PRECIO QUE EL VALOR.** El precio de un
producto es lo que figura en la etiqueta, y el valor, lo que de
verdad vale para ti. Aprende a valorar las cosas.

**✳ HAZ LA TAREA.** Compara precios y productos. La información es
poder.

**✳ HAGAS LO QUE HAGAS, PROTÉGETE EN INTERNET.** Nunca
compartas información personal y, menos aún, PINS y contraseñas.

AHORA QUE YA SABES
CÓMO GASTAR DINERO,
LO SIGUIENTE ES
APRENDER A AHORRARLO.

CAPÍTULO 4
CÓMO
AHORRARLO

Ya estás listo para ahorrar. ¡Fantástico! A tu futuro yo le va a ENCANTAR tu yo del presente. Y, como seguro pusiste mucha atención a la parte final del capítulo anterior sobre cómo elaborar un gran presupuesto, ya debes de estar pensando en ahorrar antes de calcular todos los gastos. Pero ¿cuál es el mejor lugar para guardar el dinero? Veámoslo.

# HORA DE HACERSE PREGUNTAS: ¿DÓNDE GUARDAR LOS AHORROS?

A  EN UN TARRO DE GALLETAS.

B  EN EL CAJÓN DE LOS CALCETINES/BAJO EL COLCHÓN/EN EL CONGELADOR U OTROS SITIOS POR EL ESTILO.

C  EN UNA ALCANCÍA.

D  EN UNA CUENTA BANCARIA.

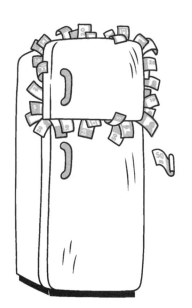

Si has contestado cualquier opción de la A la C, ESTÁS DESPEDIDO. La respuesta CORRECTA es la D: en una cuenta bancaria. Todo el dinero que ganes deberías ingresarlo en el banco o en un fondo de inversión. Cuando lo necesites, podrás sacarlo en efectivo o usar una tarjeta para pagar con ella. Dependiendo de tu edad y del tipo de tarjeta que utilices, es posible que tenga que ayudarte un adulto.

## TU DINERO ESTARÁ A SALVO EN UNA CUENTA BANCARIA

A salvo de ti, porque no podrás sacarlo del tarro de las galletas, y a salvo de los ladrones. Los criminales entran y salen rapidito después de un robo. Conocen **TODOS** los escondites habituales. **OKEY**, tú puedes ponerte creativo y esconder el dinero en algún lugar muy original. El problema es que, si te pasas de original, tal vez, cuando lo necesites, no recuerdes dónde lo escondiste. O también puede ocurrirle algo extraño. En 2009, en Israel, una señora logró ahorrar **UN MILLÓN DE DÓLARES** en efectivo (sí, ¡un millón!), y lo escondió dentro de un colchón. Un día, su hija, que no sabía nada del asunto, hizo limpieza general y tiró el colchón a la basura. ¡¿Te lo imaginas?!

En algunos países, gran parte del dinero que se ingresa en una cuenta queda protegido por el gobierno, por el llamado «Fondo de Garantía de Depósitos», por si le ocurre algo a la banca. En España, por ejemplo, esta protección cubre hasta cien mil euros por cuenta y por persona, opción que no da la alcancía o el cajón de los calcetines.

## LOS BANCOS TAMBIÉN LLEVAN UN REGISTRO DE LAS ENTRADAS Y SALIDAS DE DINERO

Estos registros tan prácticos son los **extractos bancarios**, y te permiten tener información de tus ingresos y tus gastos, y ver cuánto dinero has ahorrado. Las alcancías son muy bonitas, pero no llegan a tanto.

**LOS ANTIGUOS TEMPLOS DE MESOPOTAMIA** fueron, en cierto modo, los bancos más antiguos del mundo. Eran superseguros (nadie **OSABA** robar a los dioses), por eso almacenaban cereales y metales preciosos. En los templos también se concedían préstamos, y a aquellos que no podían pagarlos no se les cobraban intereses. Los sumerios, habitantes de esas tierras, llevaban asimismo unos registros increíbles en unas tablillas de arcilla. Esa escritura, llamada «cuneiforme», es la más antigua que se conoce en el mundo y se remonta al año 3300 a. C. Resulta que los humanos desarrollaron la escritura, no para escribir un poema o una oración, sino ¡para llevar un registro económico!

## LOS BANCOS REPARTEN DINERO GRATIS

A diferencia de las alcancías, los bancos pagan **intereses**. Se trata de **DINERO GRATIS**. Tú metes diez euros en una alcancía y cincuenta años más tarde seguirán siendo diez euros, sólo que quizá ya sean viejos y estén fuera de circulación. Y aunque no sea así, habrán perdido valor debido a lo que llamamos **«inflación»**. Ahora bien, si los ingresas en una cuenta, te pagarán intereses. Tu dinero estará literalmente **CRECIENDO** mientras está en el banco.

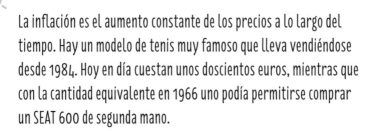

La inflación es el aumento constante de los precios a lo largo del tiempo. Hay un modelo de tenis muy famoso que lleva vendiéndose desde 1984. Hoy en día cuestan unos doscientos euros, mientras que con la cantidad equivalente en 1966 uno podía permitirse comprar un SEAT 600 de segunda mano.

## HUM... ¿POR QUÉ LOS BANCOS REPARTEN DINERO GRATIS?

Los bancos nos pagan intereses porque utilizan el dinero que ingresamos en la cuenta; no lo guardan en una cámara acorazada subterránea (lo siento, ladrones). El banco sólo tiene en efectivo un pequeño porcentaje de sus depósitos, el resto lo presta a gente que lo necesita (¡gente que está por encima de su presupuesto!). Sí, así es, prestan tu dinero a unos desconocidos, pero no te preocupes porque el **tipo de interés** de dicho préstamo puede llegar a ser bastante alto, y tú sales ganando.

Funciona de la siguiente manera: imagina que tienes cien caramelos y los ingresas en un BANCO DE CARAMELOS. El banco te promete que los mantendrá a salvo. (En cualquier caso, están más seguros en el banco que en casa, porque ni tú ni nadie podrá comérselos, y tampoco podrán robártelos.) Mientras tú estás ocupado en otros asuntos, el Monstruo de los Caramelos llega al banco de caramelos porque necesita URGENTEMENTE algo dulce. La entidad bancaria le presta cincuenta de tus caramelos (porque ahora mismo tú no los necesitas). A cambio, el Monstruo de los Caramelos tiene que prometer que devolverá los cincuenta caramelos (en pequeñas cantidades cada mes) más otros cuatro como **interés** por haber tomado prestados esos cincuenta tuyos. Sustituye los caramelos por euros y entenderás que así es como ganan dinero los bancos (dinero o... hum... caramelos).

Además, el Banco de Caramelos te paga un caramelo extra por permitirles usar tus caramelos para prestárselos al Monstruo. Ese extra son tus intereses. ¡Y así es como tu reserva de caramelos (tus ahorros) crece en el banco sin que tengas que mover un dedo!

# SUPERHÉROES, VILLANOS Y SER PRESTATARIO

Tu dinero puede crecer o disminuir de muchas otras maneras, gracias a la ayuda de los héroes y los villanos del mundo de las finanzas.

## EL INTERÉS COMPUESTO: UN SUPERHÉROE DE VERDAD

Tiene un gran corazón, es generoso y, además, RÁPIDO. Tras su magia se esconden operaciones matemáticas un tanto complicadas, pero lo bueno es que no necesitas saber resolverlas. ¡MENOS MAL! Aunque sí debes entender su significado: que, cuando ahorras dinero, te beneficias de un efecto **bola de nieve**. Imagina que empujas una bola de nieve colina abajo. Empiezas con una bola pequeña (la suma de dinero que ingresas en el banco). Gracias al interés compuesto, la bola rueda y rueda y, con el tiempo, se hace cada vez más grande a medida que se le va adhiriendo nieve (los

**intereses**), hasta que se convierte en una bola enorme. Ahora bien, este efecto bola de nieve sólo se produce si ahorramos también los intereses que vamos ganando. Prestar tu dinero y que los intereses generen aún más intereses es una buena oportunidad de ganar mucho más.

### AVISO: CON ESTO NO VAS A HACERTE RICO DE HOY PARA MAÑANA. Para que el interés compuesto surta efecto, el TIEMPO es fundamental. Un buen tipo de interés también es importante, desde luego, pero el tiempo es básico, pues es lo que da al interés compuesto un plus de potencia. Por eso debes empezar a ahorrar lo antes posible. Si estás leyendo esto, ya tienes mucho ganado, porque puedes empezar hoy mismo.

**PREGUNTA:** ¿Qué preferirías: tener UN MILLÓN de euros para gastar hoy mismo o un caldero mágico en el que ahorrar y que tu dinero se multiplicara por dos cada día durante treinta días (el primer día tendrías 1 centavo; el segundo, 2 centavos; el tercero, 4 centavos, etc.)?

La mayoría de la gente elegiría el millón recién salido del horno. Y la mayoría de la gente se equivocaría.

Al cabo de treinta días, el caldero te habría proporcionado **5.3 MILLONES** de euros. Y un día después, **10.7**. Por desgracia, los calderos mágicos no existen, pero, si ahorras una pequeña cantidad de dinero a diario, podrías terminar con una cantidad mayor. Así que, cuando compres algo por 4.99 €, el centavo de vuelta añádelo a los ahorros. ¡A la larga obtendrás una buena suma!

## EL LADO OSCURO DEL INTERÉS COMPUESTO

Todos los superhéroes tienen defectos. IRON MAN es un genio, pero también es arrogante y, a veces, la gente le tiene miedo. WONDER WOMAN es una guerrera poderosa, pero no entiende mucho de humanos comunes y corrientes ni del mundo actual. HULK es increíblemente fuerte, pero le cuesta controlar su fuerza. También el interés compuesto tiene un defecto, un lado oscuro: puede trabajar en tu favor, pero ¡también en tu contra! ¡GLUPS!

¿Recuerdas que dijimos que los bancos cobran intereses por prestar dinero? Bueno, pues si acabas pidiendo dinero prestado cuando seas mayor y no tienes suficiente para pagar la totalidad de las cuotas mensuales, te cobrarán intereses extra por la cantidad que no devuelvas en el plazo acordado. Así funcionan los intereses compuestos. Si no vigilas, antes de que te des cuenta tendrás una deuda enorme. Por eso, si empiezas a usar **tarjeta de crédito** (con la que puedes gastar dinero prestado), ¡DEBES TENER CUIDADO! Los tipos de interés de estas tarjetas son muy altos, y no querrás que esos costos se conviertan en una bola de nieve. Lo mismo ocurre con los préstamos que te permiten resistir hasta que tengas más dinero. Los prestamistas de los llamados «préstamos de día de pago» pueden cobrarte cargos por demora muy altos y aumentar el interés si no les devuelves el dinero el día fijado.

Si esto te parece aterrador, hay algo por ahí que aún da más miedo: **LOS USUREROS** y **LOS PRESTAMISTAS**. Son los tiburones del dinero, los mayores villanos de la ciudad. Los bancos sólo prestan a gente con un buen «historial crediticio», gente en la que confían que les devolverá la cantidad prestada. Si no es tu caso (porque has tenido problemas para pagar facturas o para asumir intereses), los bancos no te concederán ningún préstamo. Cuando se necesita dinero y no se puede acudir a los bancos, hay quien recurre a los usureros. Y eso que son tan malos como parecen: cobran unos tipos de interés espectacularmente altos y pueden utilizar tácticas de intimidación para perseguirte si no pagas a tiempo. **MANTENTE ALEJADO** de ellos.

## SER PRESTATARIO

Todos esos villanos parecen un poco amenazadores, pero hay otras formas de pedir que nos presten dinero. La gente suele recurrir a ellas para tapar un agujero en el presupuesto o para realizar una compra grande pero necesaria, como un coche o una casa. Ese tipo de situación tal vez te provoque sentimientos no demasiado agradables. Es normal. Si adquieres el hábito de ahorrar y mantener el control de los gastos, es probable que logres evitar pedir un crédito, y eso es estupendo. Pero si en el futuro, cuando lo necesites, tienes que pedir un préstamo para una inversión importante, no pasa nada. Usa tu capacidad de planificación para mantenerte al día con las cuotas y librarte de la deuda lo antes posible.

Únicamente debes asegurarte de que no empiezas a pedir demasiados préstamos sólo porque es muy fácil conseguirlos, igual que las tarjetas de crédito. Pedir prestado sale caro, y no cumplir con las cuotas puede afectar a tu historial crediticio y convertirse en un problema muy gordo. Además, eso hará que te resulte aún más difícil y caro pedir dinero prestado en un futuro, cuando de verdad lo necesites. Si alguna vez tienes problemas de dinero, hay muchas formas de pedir ayuda; por ejemplo, existe gente especializada en ayudar a otra a pagar sus deudas. No hay que avergonzarse por tener que pedir ayuda, cosa que sirve para cualquier aspecto de la vida.

## HIPOTECAS

Una hipoteca es un préstamo especial que se pide para comprar una vivienda. Normalmente, para adquirir una propiedad hay que dar mucho dinero de golpe, por eso lo habitual es pedir este tipo de préstamo. En el futuro, quizá tú también necesites pedir una hipoteca. Y si lo haces, como con cualquier otro tipo de préstamo, es importante que estés al día en el pago de las cuotas y te concentres en liquidar la deuda cuanto antes. En el caso de las hipotecas, esto es especialmente importante porque, si no puedes mantenerte al día con los pagos, el banco podría quedarse la casa y venderla para recuperar el dinero. ¡UPS!

# DECISIONES, DECISIONES: ¿POR QUÉ CUENTA DECIDIRSE?

Ya tienes algo de dinero ahorrado, pero ¿dónde lo guardas? Verás, existen distintos tipos de cuentas CORRIENTES. Unas son para uso diario, pues te permiten sacar dinero cuando quieras, pero no dan beneficios por lo que tienes ingresado en ellas. Y luego están las CUENTAS DE AHORRO, con unos tipos de interés más altos y en las que a menudo hay que ingresar una cantidad con regularidad sin poder disponer de ella durante un tiempo bastante prolongado.

Lo ideal es ingresar en una cuenta corriente el dinero que recibes de la mesada o el dinero extra que consigues, e ir transfiriéndolo a una cuenta de ahorros a medida que lo reúnes.

¡LAS MANOS QUIETAS!

Quizá necesites que un adulto de confianza te abra una cuenta infantil. El funcionamiento de dichas cuentas varía dependiendo del país. Aun así, suele estar permitido que un adulto abra una cuenta de ahorros a nombre de un niño y que la gestione y vaya ingresando dinero para su futuro. De este modo, cuando el niño crezca también podrá utilizarla, pero bajo supervisión. Es una buena idea, ¿no?

# PREGUNTAS IMPORTANTES

¿EL BANCO TIENE UNA APLICACIÓN QUE PUEDAS USAR CON LA AYUDA DE UN ADULTO?

¿LA CUENTA ES GRATUITA?

¿QUÉ CANTIDAD MÍNIMA HAY QUE INGRESAR?

¿QUÉ TIPO DE INTERÉS TE OFRECE?

¿QUÉ CAJEROS AUTOMÁTICOS PUEDES USAR?

¿TE COBRAN COMISIÓN POR SACAR DINERO EN EFECTIVO?

## ¿CUÁNDO NECESITARÁS EL DINERO?

A la hora de decidir qué cuenta es mejor para tus ahorros deberás pensar en el tipo de ahorro que quieres hacer. Si se trata de una cantidad de dinero que tienes pensado gastar en un futuro próximo pero no ahora mismo (por ejemplo, en una sudadera o una bicicleta), te interesará más ingresarlo en una cuenta que te permita disponer de él cuando quieras.

En cambio, si más adelante te planteas ahorrar una cantidad mayor para alcanzar objetivos más GRANDES (como, por ejemplo, un coche, una casa, ¡un vuelo a la Luna!, o lo que sea que tengas en mente), es mejor que ingreses ESE dinero en una cuenta de ahorros a plazo fijo, que te dará un interés más alto.

# FONDO PARA IMPREVISTOS

Se trata de una cantidad que se reserva para un gasto inesperado y urgente: ¡socorro, una emergencia! Hay gente que ahorra por si llega ese momento crítico. Y aunque la idea es tener suerte y no necesitar nunca ese dinero, se tiene ahí **POR SI ACASO**. Por si, por ejemplo, quemas una rueda haciendo piruetas espectaculares con tu bici nueva y los adultos no quieren pagarte la reparación porque fuiste imprudente. Reservar dinero para los imprevistos siempre es un buen hábito. Cuando seas mayor, quizá tengas que hacer reparaciones importantes en tu casa o lleguen otros gastos con los que no contabas. O tal vez pierdas el trabajo y tengas que vivir de los ahorros durante un tiempo. El dinero para imprevistos puede ser un buen salvavidas.

## PENSIONES

Ahora quizá veas ese momento **MUY** lejos, pero, cuando empieces a trabajar, invertir en un plan de pensiones puede ser el mejor paraguas para los días de tormenta. Un plan de pensiones es un plan de ahorro especial para cuando te jubiles (es decir, cuando dejes de trabajar y seas libre como un pájaro). La edad a la que podrás **jubilarte** y empezar a recibir el dinero de tu pensión dependerá del país en el que vivas, pero suele estar entre los sesenta y los setenta años.

# CÓMO AHORRAR PARA QUE PUEDAS AHORRAR MÁS

Si ahorrar es bueno, ahorrar más es aún mejor. Así que comprueba si puedes recortar algún gasto para meter más dinero en la alcancía.

**El presupuesto familiar:** propón a los adultos que viven contigo tener una charla sobre el presupuesto familiar. Explícales tu visión de futuro. Si avanzan mucho en el tiempo, tendrán que pensar en todo tipo de gastos extra **SUPERDIVERTIDOS** que convendrá incluir en el presupuesto:

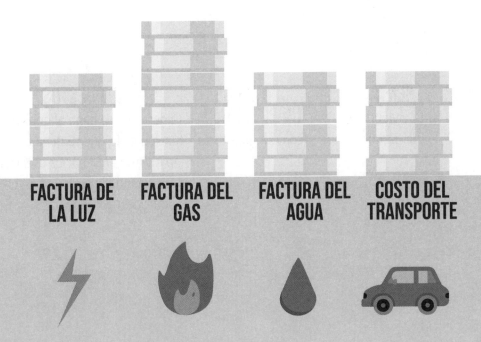

| FACTURA DE LA LUZ | FACTURA DEL GAS | FACTURA DEL AGUA | COSTO DEL TRANSPORTE |

Sí. Te espera una buena. Por eso vale la pena que te conviertas ya en un genio del ahorro, antes de que te encuentres en plena movida. Así tendrás suficiente dinero reservado para todas estas cosas y también para divertirte.

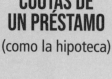

## RENTA
(si tu vivienda es rentada)

## CUOTAS DE UN PRÉSTAMO
(como la hipoteca)

## IMPUESTOS
(dinero que se paga al gobierno en función de lo que se gana para que lo invierta en servicios esenciales para toda la sociedad: salud, educación, infraestructuras, etc.)

# CÓMO LLEGAR A SER EL MEJOR MAGO AHORRADOR

**REVISA LOS GASTOS:** si puedes verlos, puedes controlarlos.

Para ahorrar energía **UTILIZA** focos de bajo consumo y apaga las luces cuando no sean necesarias.

**ASEGÚRATE** de que no consumes más agua de la que necesitas.

**REDUCE** gastos de transporte y ve caminando o en bicicleta.

**PLANIFICA** los menús y ve a comprar con una lista para no consumir por impulso.

Celebra **CATAS** en casa para ver si puedes cambiar algunos productos conocidos por otros de marca propia.

**BUSCA** las mejores ofertas a la hora de hacer compras importantes o ir de vacaciones.

Busca **IDEAS** de planes **GRATIS** para los días y las tardes libres. Piensa en paseos, parques, museos, bibliotecas, juegos de mesa, manualidades, noches de pelis o karaoke (¡basta con la radio, Spotify o YouTube y un cepillo para el pelo a modo de micro!).

**BUSCA** las mejores tarifas entre los proveedores de gas, luz y teléfono.

Aprende a **COCINAR**. Va en serio. A la larga ahorrarás una pequeña fortuna en restaurantes, comida para llevar y platos preparados, ¡y además es mucho más sano! Ten por lo menos siete platos que puedas preparar de forma barata y rápida pero que parezcan elaborados por un gran chef. ¡De nada!

## EL AHORRO: UN GRAN PLAN

Sabes que ahorrar es bueno. Pero ¿cuánto deberías ahorrar? La respuesta corta es: **HUM... TODO LO QUE PUEDAS.**

Hay quien cree que el 20% del **DINERO ENTRANTE** es un buen punto de partida, pero la verdad es que depende de ti.

# OBJETIVOS DE AHORRO

Si estás ahorrando para algo concreto, como un videojuego, una guitarra o un par de tenis, tienes dos maneras de hacerlo:

**1** Si necesitas el dinero para una fecha determinada, divide el importe de lo que quieres por el número de semanas que te quedan para comprarlo. Así sabrás cuánto tienes que ahorrar cada semana. Por ejemplo: quiero comprar unos tenis que cuestan 40 € y quiero hacerlo dentro de diez semanas... 40 € / 10 semanas = 4 € a la semana.

**2** Si, en cambio, sabes cuánto puedes ahorrar cada semana, divide el importe de lo que quieres comprar por la cantidad de dinero que puedes ahorrar semanalmente y sabrás cuántas semanas tardarás en reunir el dinero. Por ejemplo: quiero un par de tenis que cuestan 40 € y podría ahorrar 5 € a la semana... 40 € / 5 € = 8 semanas.

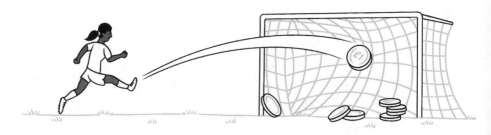

# TODO ES CUESTIÓN DE ELEGIR

**40 €**

El dinero que gastas es dinero que no puedes ahorrar ni hacer crecer ni donar.

Digamos que les has echado el ojo a unos tenis que valen cuarenta euros. Al ser un artículo duradero, podrás usarlos hasta que se desgasten o te crezca el pie.

> **POR 40 € PUEDES IR CUATRO VECES AL CINE A 10 € CADA VEZ (BOLETO+BEBIDA)**

**O**

**PUEDES NO IR ESAS CUATRO VECES AL CINE E INVERTIR LOS 40 € EN TUS TENIS.**

Cuando pienses en gastar diez euros en ir una vez al cine, pregúntate: ¿qué es lo que realmente quiero? Si tu objetivo es comprarte los tenis, ¿vale la pena ir a ver la película o es mejor ahorrar los diez euros? Cada pequeña cantidad cuenta.

## EL AHORRÓMETRO

Diseña un ahorrómetro para controlar tus objetivos. Crea una tabla y actualízala usando distintos colores a medida que vayas ahorrando. Dejar de comprar cosas no es fácil, pero, si colocas en un lugar visible una imagen de aquello en lo que quieres invertir tus ahorros, quizá cuando la veas recuerdes por qué estás ahorrando y lo consigas.

35 €

30 €

25 €

20 €

15 €

10 €

8 €

4 €

2 €

# EN POCAS PALABRAS

✷ **No uses el cajón de los calcetines.** Mete los ahorros en una cuenta bancaria. Por un lado, es más seguro, porque te ayudará a controlar lo que tienes, y, por el otro, tu dinero generará intereses. ¡ES **DINERO GRATIS!**

✷ **El interés compuesto es un auténtico superhéroe.** Gracias a su poder, tus ahorros aumentarán cada vez más con el paso del tiempo.

✷ **Pero recuerda: todos los superhéroes tienen defectos** y el interés compuesto no es una excepción. Esto también se aplica a los préstamos. Si la bola de nieve de tus deudas se descontrola, te meterás en un buen lío.

✷ **Si las cosas se salen de control en el futuro**, hay gente que puede ayudarte. No lo dudes, acude a ella.

✷ **Los bancos tienen disponibles distintas cuentas de ahorro.** Mira qué condiciones ofrece cada una de ellas. La elección dependerá en gran parte de si vas a necesitar el dinero pronto o a largo plazo.

✷ **Reserva siempre dinero para imprevistos.** Será tu fondo para emergencias.

✷ **Aprende a ahorrar para poder ahorrar más.** Elabora un **PLAN** y cíñete a él.

HASTA AHORA HEMOS DICHO QUE AHORRARÁS MÁS SI INGRESAS EL DINERO EN UNA CUENTA DE AHORROS ESTÁNDAR. SI A ESO LE AÑADES EL INGREDIENTE MÁGICO —TIEMPO—, NUESTRO AMIGO SUPERHÉROE, EL INTERÉS COMPUESTO, LO HARÁ CRECER. PERO HAY OTRA COSA QUE PUEDES HACER CON TUS AHORROS: TRABAJAR CON ELLOS DE LA FORMA ADECUADA PARA QUE SIGAN AUMENTANDO.

# CAPÍTULO 5
# CÓMO HACER QUE CREZCA

Ahora ya sabes de qué trata esto del DINERO. Sabes cómo ganarlo y cómo gastarlo, y también que hay que meter una parte en la alcancía para el futuro. Y es que ahorrar es importante. Ahora bien, hay algo más que puedes hacer para que el dinero CREZCA, y de verdad. Invertirlo. No obstante, antes de ver lo que eso significa, debemos aclarar algo.

La gente suele confundir riqueza con ingresos. Los ingresos son el dinero que entra. Pero no es lo que te hace rico. Lo que en realidad hace que tengas más dinero es lo que decides hacer con esos ingresos que entran. La **riqueza**, en cambio, es la suma del valor de todos tus ahorros y de tus activos (acciones, propiedades u obras de arte valiosas, por ejemplo) menos todo el dinero que has pedido prestado (porque no es realmente tuyo y tienes que devolverlo).

Y aquí viene lo más interesante: si usas la cabeza a la hora de gestionar los ingresos (presupuesto, ahorro e inversión) —y lo harás, eso SEGURO—, a la larga generarás mucha riqueza. Y los activos en los que inviertas también generarán aún más dinero.

# POR UN MOMENTO, DA RIENDA SUELTA A LA IMAGINACIÓN

Cuando leas este capítulo, imagina que tienes mil euros (o la moneda que se use en tu país), que **GANASTE UN PREMIO DE MIL EUROS** por ser sencillamente un crac —¡FELICIDADES!— y la única condición que te ponen para entregártelo es que lo inviertas. «Invertir» sólo significa dejarlo en algún lugar para que crezca. Como ya he mencionado, es mejor guardarlo que gastarlo en una compra por impulso. Y hay muchas formas de hacerlo, así que, mientras lees este capítulo, quiero que pienses cuál elegirías. No tienes por qué ponerlo todo en un único sitio. De hecho, como veremos a continuación, eso es algo que nunca deberías hacer.

Plantéate invertir en **acciones de empresas** (o **«participaciones»**). Ya, ya lo sé, suena a rollo. Pero, créeme, no lo es. Para entender por qué (y qué demonios significa), presta atención a esta breve historia.

# UNA HISTORIA CON MUCHO CHOCOLATE

¿Recuerdas que dijimos que todo depende de las elecciones que hagas? Pues aquí va un ejemplo. Si te apetece comer chocolate y tienes algo de dinero, puedes hacer dos cosas: comprar una barra de chocolate O comprar (**invertir en**) una parte de la FÁBRICA de chocolate.

Si compras un chocolate, probablemente te lo comerás enseguida. O tal vez lo guardes para una ocasión especial o se lo regales a alguien (¡oh!). Pero, una vez que se acabe, se acabó. Y también tu dinero. En definitiva: si no hay más dinero, no hay más chocolate.

En cambio, si inviertes en una parte de la fábrica (lo que llamamos una **«acción»**), tu dinero desaparece, pero a cambio te conviertes en el orgulloso propietario de una parte de una fábrica de chocolate real. ¡GENIAL!

Con el tiempo, a medida que la fábrica de chocolate funcione, generará más dinero. Y si le va tan bien que el dinero que gana supera sus costos de funcionamiento, diremos que ha obtenido **beneficios**.

DINERO ENTRANTE
— DINERO SALIENTE
_____
BENEFICIOS
_____

Parte de esos beneficios suele repartirse entre todas las personas que poseen una parte de la fábrica de chocolate (los **accionistas**). Y tú estás entre ellas. La participación que te corresponde de los beneficios se llama «**dividendo**» y es el tanto que se paga por acción, así que, cuantas más acciones tengas, más dinero recibirás. Podrás tomar ese dinero y comprar más chocolate. O más acciones. O gastarlo en otra cosa, ahorrarlo o donarlo.

No olvides a nuestro superhéroe financiero favorito: el interés compuesto. Cuantos más ahorros tengas, más rápido generarán el efecto bola de nieve. Por eso, si vuelves a ingresar en tu cuenta el dinero que ganas, tus ahorros aumentarán y también ganarás más intereses.

¡VIVAAAAAAAAAAAA!

Y no sólo eso: si la fábrica de chocolate funciona a tope, mucha gente querrá invertir en ella. Se apresurarán a comprar acciones, pero, como el número disponible es limitado —la demanda es mayor que la oferta—, el valor de las acciones aumentará. Sí, sí, tus acciones valdrán más que cuando las compraste, y si las vendes obtendrás beneficios.

# ¡TARÁN!

## PERO AHORA PRESTA MUCHA ATENCIÓN.

Porque, por desgracia, no siempre es tan fácil.

Y es que todo lo que sube también puede bajar. ¿Qué pasaría si la fábrica de chocolate no marchara bien? En ese caso, las cosas serían muy pero que muy diferentes.

# DÍAS OSCUROS

Hay todo tipo de razones por las que la fábrica de chocolate podría ir mal. Quizás a la gente deje de gustarle el chocolate y deje de comprarlo. **PODRÍA SER, ¿OKEY?** Quizá se preocupe por si le salen caries o encuentre un chocolate mejor que el tuyo. **¡GLUPS!** Tal vez la fábrica pierda la receta secreta. O alguien la **ROBE. ¡BUF!**

Es posible que los costos aumenten y la fábrica resulte muy cara de gestionar. **DINERO ENTRANTE - DINERO SALIENTE = BENEFICIOS,** ¿recuerdas? Pues bien, lo contrario de los **beneficios** son las **pérdidas**. Y que la empresa pierda dinero es una muy mala noticia para los accionistas, entre ellos tú. Así que olvídate de que te paguen dinero extra por tu participación.

¿Y qué pasa con el valor de tu acción? Pues que, sin duda, baja a medida que todo el mundo trata de deshacerse de las suyas. Por lo general, siempre ocurre lo mismo: cuando todo el mundo quiere una cosa, ésta aumenta su valor, mientras que lo que no quiere nadie vale cada vez menos. Y eso significa que...

## ... TIENES PROBLEMAS.

Y que es el **momento de decidir:** ¿te la quedas o la vendes?

Lo mejor es decidir en función de lo que crees que va a ocurrir en el futuro con la fábrica de chocolate.

¿Las cosas van a empeorar? Si es lo que crees, tal vez lo mejor sea vender tu parte y **ADIÓS A LAS PREOCUPACIONES.**

Pero, espera, porque quizá se trate sólo de una mala racha. Si crees que el negocio podría recuperarse dentro de un tiempo, a lo mejor no te conviene soltar esa acción. Incluso podrías comprar más mientras están baratas, para, más adelante, ganar cuando incrementen su valor.

Lo que hagas también dependerá de estas tres cosas:

- Lo mucho que necesites el dinero en el momento de decidir. (Si te hace falta de verdad, quizá sea mejor vender.)
- El tiempo que podrías vivir sin ese dinero. (Si la respuesta es «mucho», puedes esperar... Si en el fondo el chocolate es un buen negocio, con el tiempo le irá bien.)
- El **riesgo** que puedes permitirte asumir.

## GELATINA TAMBALEANTE

Invertir es un poco como plantarte encima de una montaña enorme de gelatina tambaleante. Algunas son más inestables que otras, y lo mismo ocurre con las inversiones. **TODAS** son arriesgadas, pero algunas lo son especialmente. Por eso, lo mejor es invertir **SÓLO** el dinero que puedas permitirte perder. **NO** inviertas el que necesitas para tus gastos. Y **NO** inviertas el de tu fondo para imprevistos; de lo contrario, podrías pegarte un buen batacazo de realidad si lo pierdes todo. **¡PLAF!**

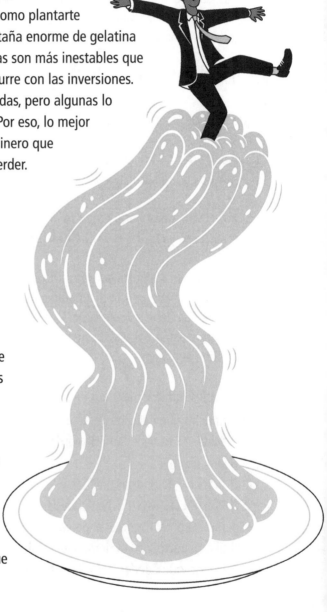

Ahora bien, nadie espera que te subas a esa montaña de gelatina de forma gratuita, por eso, por cualquier **riesgo** que asumas libremente, obtendrás una oportunidad de **recompensa**. $I la fábrica de chocolate funciona bien y $I conservas las acciones, se te darán unos dividendos ($I la empresa los abona, claro) y un suculento beneficio extra ($I vendes esas acciones a un precio más alto del que tenían cuando las compraste). Sí, todo esto va de muchos $I...

## CONSEJO BÁSICO:
## NO PONGAS TODOS LOS HUEVOS
## EN LA MISMA CANASTA

Si puedes, no inviertas todo tu dinero en una sola cosa, hazlo en varias. Lo ideal sería invertir en productos que puedan ir bien cuando otros tengan problemas. Por ejemplo, parte de esos mil euros podrían ir a una fábrica de chocolate y parte a una de pasta de dientes o a una cadena de clínicas dentales. Esta estrategia de reducir riesgos se llama **«cobertura financiera»**.

Si te llevas bien con la incertidumbre, también puedes invertir tu premio mágico en comprar acciones de todo tipo de empresas: alimentación, moda, música, clubes deportivos, energía, tecnología, salud, cualquier cosa. Pero ¿cómo? Si quisieras comprar una bicicleta, probablemente lo harías en una tienda de deportes, ¿verdad? Pues bien, si lo que quieres es comprar acciones, las encontrarás en un lugar llamado «bolsa de valores».

# LA BOLSA, LAS BURBUJAS Y EL MAESTRO INVERSOR

La bolsa de valores es un mercado especial donde se compran y se venden acciones. Hay sesenta grandes bolsas de valores en todo el mundo. Las más importantes en Estados Unidos son la de Nueva York (NYSE), el Nasdaq y el NYSE American. La Bolsa de Londres (LSE) es una de las más antiguas del mundo. Antes de la creación de la LSE, la gente que quería comprar y vender acciones hacía negocios en los cafés de la ciudad.

El objetivo de cualquier accionista es comprar acciones, conservarlas durante un tiempo y luego venderlas a un precio más alto del que pagó por ellas. Pero el valor sube y baja constantemente, por lo que invertir en la bolsa es un negocio arriesgado. Y si un país o una región atraviesa un momento difícil, los precios de las acciones pueden caer de repente porque la gente se asusta y las vende. La situación puede tardar mucho en recuperarse.

A veces algo en particular se vuelve **TAN** popular que mucha gente quiere comprarlo, y enseguida el resto del mundo también (así se genera el **FOMO**, ¿te acuerdas?). Y debido a que hay una oferta limitada de esas acciones, sus precios suben.

Eso es lo que ocurrió en la década de 1630 con los tulipanes en Ámsterdam. En aquella época podías comprarte una casa por el precio de un bulbo de una especie rara. Pero se trataba de una **burbuja**. Y como tal, se fue hinchando e hinchando hasta que **ESTALLÓ**, y el precio de los tulipanes se desplomó. Algo similar ocurrió entre 1997 y 2002 con la **«burbuja puntocom»**. La gente se lanzó a comprar acciones de estas tecnologías porque parecía algo muy moderno y emocionante. Como mucha gente compraba, los demás también quisieron comprar, y el resto que aún no se había hecho con ellas no pudo resistirse y también compró...

**YYY...** ya imaginas lo que ocurrió. La burbuja explotó y el mercado de valores se hundió, **¡CRAC!** Precisamente por eso tienes que invertir con la cabeza. Y de quien más podemos aprender es del inversor más listo de todos.

## WARREN BUFFETT,
## EL MAESTRO INVERSOR...

¿Todavía no estás seguro de dónde invertir tu dinero? Te presento al multimillonario Warren Buffett. Cuando era niño, para ganar dinero, empezó a vender chicles y revistas puerta por puerta y a repartir periódicos. Compró su primera acción cuando tenía once años, pero ganó 99% de su fortuna después de cumplir los cincuenta. Mucho dinero, por cierto. En 2019, su capital alcanzó alrededor de **87 MIL MILLONES DE DÓLARES**. Te lo dije. ¡**MUUUCHO** dinero!

¿Cómo lo consiguió? Con el tiempo. Invirtió su dinero en compañías en las que creía de verdad, negocios fuertes con un plan empresarial sólido, sin dejarse deslumbrar por los más glamurosos, llamativos, que eran pura fachada. Luego confió en nuestro fabuloso superhéroe financiero, el **interés compuesto**, y sus ahorros e inversiones crearon el efecto bola de nieve y fueron haciéndose cada vez más grandes.

## CONOCE BIEN EL TEMA

En la antigua Grecia, los oráculos, como el famoso Oráculo de Delfos, eran las predicciones que los dioses daban como respuesta a los humanos a través de un intermediario (una sacerdotisa, por ejemplo). El apodo de Warren Buffett es Oráculo de Omaha, porque vive en Omaha, Nebraska (Estados Unidos), y porque la gente presta muchísima atención a lo que dice sobre cómo invertir. Sabe lo que hace, y eso es lo que recomienda: que sepamos muy bien lo que hacemos.

Buffett dice que debemos ser **inversores de valor**. Eso significa que no podemos limitarnos a mirar el **precio** de mercado de una acción, sino que debemos comprender su **valor** intrínseco (lo que vale de verdad). Es decir, entender en qué consiste el negocio en el que vamos a invertir, y si funciona bien o no. ¿Tenemos que saber si irá bien en el futuro o tendrá problemas? Sí, y, para descubrirlo, los inversores de valor actúan como detectives. Indagan para detectar qué acciones están **por debajo de su valor**. Hay dos razones para que la gente no quiera dichas acciones: que la empresa no vaya bien o que nadie sepa que tiene un gran futuro y que dentro de un tiempo valdrán mucho más.

¿Quieres ser un buen detective de valores? Guarda los mil euros. Investiga un poco y aprende dónde buscar:

* **SITIOS WEB DE LA EMPRESA EN CUESTIÓN:** para saber cómo marcha y qué planes de futuro tiene.

* **PÁGINAS WEB DE ACCIONES:** busca en Google para obtener un gráfico que muestre la evolución de la cotización de la empresa. Y busca artículos de expertos en valores de inversión en sitios web como The Motley Fool.

* **LAS NOTICIAS:** mantente al día de lo que sucede en el mundo para ver cómo puede afectar al negocio en el que quieres invertir.

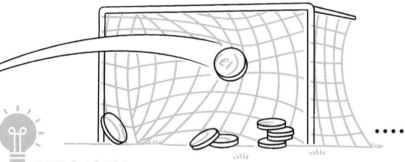

### PERO ¡OJO!

Los resultados del pasado **NO** garantizan los resultados futuros. Cualquier hincha de un equipo de futbol ganador lo sabe. Aunque el equipo acabe de ganar un partido importante, el siguiente podría resultar en una actuación mediocre o en una derrota aplastante. Pero no pasa nada. Si el equipo es bueno, sabes que a la larga remontará.

## ¡ACCIONES DE FANTASÍA!

Invertir en acciones reales quizá te parezca algo lejano, pero siempre existe la posibilidad de probarlo. Elige una empresa que te guste de verdad. Cualquiera. Averigua todo lo que puedas sobre ella. Si cotiza en el mercado de valores, tal vez consigas encontrar en internet cómo ha sido su evolución. Invierte hoy tu dinero imaginario en esa empresa. Y sigue su evolución los próximos meses. Durante un año, o más tiempo, haz lo mismo con un pequeño grupo de empresas. Es un poco como jugar al Fantasy Football, donde te conviertes en el dueño de un equipo de la Premier Ligue. Sigue la actualidad. Acostúmbrate a pensar como un inversor. Anima a tus amigos a que jueguen también y comparen cómo les va.

# EL GRAN BANCO DEL ABURRIMIENTO

¿Qué te parece invertir en acciones? ¿Todavía tienes esos mil euros? Porque aún no hemos terminado de jugar. Tengo más información para ti. Aunque eso conlleva entrar en el GRAN BANCO DEL ABURRIMIENTO y conocer a algunos candidatos de peso con los nombres más ABURRIDOS de la historia del mundo mundial.

## LOS FONDOS

Si te gusta el tema de las acciones, puedes tomar los mil euros mágicos y comprar acciones de una empresa determinada o invertirlos en otro tipo de participaciones llamadas **«fondos»**, que lo que hacen es invertir por ti en muchas empresas a la vez. Está claro que por el nombre no van a ganar un premio a la creatividad, pero suelen tener un oído muy fino para captar las mejores empresas en las que invertir. Aun así, nunca hay garantías. Si fuera tan fácil, lo haría todo el mundo.

Nuestro amigo Warren Buffett es un gran fan de los **fondos indexados**. Es decir, los que cuentan con un índice que mide el valor y el rendimiento de un montón de negocios. Si las empresas fueran un helado, el índice sería una copa enorme con los mejores sabores de la heladería. Como el S&P 500, que agrupa quinientas grandes empresas estadounidenses. Invertir en uno de esos fondos indexados es invertir en todas sus compañías a la vez, una manera de no poner todos los huevos en la misma canasta. Hacerlo así resulta más barato que invertir en cada empresa de forma individual.

## LOS CERTIFICADOS DE DEPÓSITO

Si creías que nada podía sonar más aburrido que «acciones» y «participaciones», **BIENVENIDO** al mundo de los **certificados de depósito** (a los que a partir de ahora llamaremos «CD»). Son una especie de cuenta de ahorros en la que, si depositas una cantidad de dinero durante un tiempo, puedes ganar bastante en intereses. **AHORA BIEN**, no podrás disponer de él durante un periodo determinado (normalmente entre seis meses y cinco años). De hacerlo, el banco te cobrará una multa que puede llegar a ser muy **CUANTIOSA**. De ahí que los CD no sean la mejor opción para depositar tu fondo para imprevistos. En cambio, sí son adecuados para guardar los ahorros que no vayas a necesitar durante un tiempo. Ofrecen un tipo de interés mucho mejor que el de las cuentas de ahorro normales, por eso se consideran más seguros que las acciones o los bonos, ya que casi siempre recuperas el dinero.

¡¿He dicho **«BONOS»**?! Seguro que te estás preguntando qué son.

## LOS BONOS

Es una palabra **ABURRIDA**, sí, pero al menos no suena tan mal como «certificados de depósito». La idea también es simple. Invertir en **bonos** es como prestar dinero a un gobierno o a una empresa (como la fábrica de chocolate). Lo toman prestado (¡tu dinero y el de muchos otros inversores!) y prometen devolverlo con intereses. Con los bonos eres tú quien debe controlar porque has utilizado una parte de tus mil euros mágicos para ayudar a la fábrica de chocolate. Es parecido a meter dinero en una cuenta de ahorros de la que no puedes sacarlo hasta una fecha determinada, pero aquí obtienes un tipo de interés mejor y debes **preocuparte** del **riesgo**

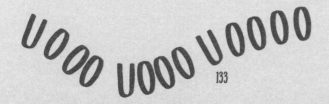

UOOO  UOOO UOOOO

133

que corre tu dinero y de lo estable que es la montaña de gelatina en la que te apoyas.

Si lo necesitas, dispones de ayuda al alcance de la mano. Los bonos son valorados por las denominadas «agencias de calificación crediticia», que nos informan de si podemos confiar en que una empresa o un gobierno vaya a devolvernos el dinero que le hemos prestado. Cuanto más baja es la calificación que dan, más arriesgada (¡e inestable!) es la inversión; sin embargo, más alto es el **rendimiento** que obtendrás.

## AVISO: CUIDADO CON LAS COSAS COMPLICADAS

A veces, las agencias de calificación crediticia cometen errores. Es lo que desencadenó la crisis financiera de 2008, cuando dieron buenas calificaciones a algunas inversiones que en realidad eran muy dudosas. Los bonos que los bancos habían ideado eran tan complicados que ni los comerciales de las agencias de crédito sabían lo que estaban vendiendo. Pero, como todo parecía correcto, les dieron una puntuación muy buena, cuando ¡deberían haberlos marcado con una señal roja de **PELIGRO**!

Si una inversión resulta demasiado complicada de entender y nadie parece capaz de hacerlo, quizá valga la pena evitarla a toda costa.

## EL PRÉSTAMO ENTRE PARTICULARES

En la actualidad, quienes prestan dinero a otras personas suelen hacerlo a través de internet. Al eliminar los bancos como participantes en la operación, conseguir un préstamo es más fácil y barato para las pequeñas empresas y los particulares (ya que, a diferencia de los bancos, los prestamistas no tienen enormes costos de funcionamiento). Así que puedes acabar siendo el gran jefe y prestar dinero y ganar más gracias a los intereses que cobres. Pero es un negocio arriesgado. Aunque las plataformas que conceden préstamos investigan a los solicitantes, siempre existe la posibilidad de que aparezca un Monstruo de los Caramelos, como el del capítulo 4, que no pueda llevar al día las cuotas, ¡y entonces perderías todo lo que le has dejado!

## EL *CROWDFUNDING*

Otro de los nombres que recoge el Gran Banco del Aburrimiento es el de *crowdfunding*, aunque en esta ocasión se trata de algo interesante. Este sistema también se salta a los bancos para recaudar dinero online. A través de algunas de las plataformas de *crowdfunding* puedes comprar acciones de pequeñas empresas o apoyar proyectos. Otras, en cambio, ofrecen «ventajas», como una versión inicial y más barata del producto que proponen. Los beneficios no hacen crecer tu dinero, más bien se trata de inversiones que te harán sentir bien por el hecho de apoyar a una empresa emergente o un proyecto creativo (vale la pena que inviertas parte de tus mil euros en este tipo de empresas colaborativas).

# TAMBIÉN HAY OTRAS INVERSIONES CHULAS

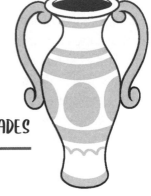

LAS ANTIGÜEDADES

LAS OBRAS DE ARTE

COMPRAR UNA VIVIENDA

MATERIAS PRIMAS COMO EL ORO

Sería genial invertir los mil euros mágicos en algo de este tipo, porque, con el tiempo, podría llegar a ser muy valioso. Tomemos como ejemplo las obras de arte. Al parecer, Van Gogh sólo vendió un cuadro en toda su vida y, además, cobró muy poco por él. En cambio, ¡ahora sus obras valen millones!

Sin embargo, para triunfar en esta clase de negocio hay que tener mucha suerte. Aunque es cierto que hay gente que ha encontrado verdaderas joyas en su herencia familiar, no deposites todas tus esperanzas en que eso ocurra. Y aunque podría ser que hubieras descubierto al próximo Banksy o a un nuevo Van Gogh, si no lo has hecho... **diversifica** tus inversiones. No hay nada malo en comprar una obra de arte para tu casa, pero recuerda que también tienes la posibilidad de invertir en fondos que a su vez invierten por ti en obras de arte. A menudo, hacerlo así es más fácil y mucho más asequible y seguro.

## LAS CRIPTOMONEDAS

¿Recuerdas que hablamos de ellas en el primer capítulo? No sólo existe el bitcoin, en la actualidad hay más de dos mil criptodivisas en circulación.

En 2010, Laszlo Hanyecz, un ciudadano de Florida, compró dos pizzas de Papa John's con diez mil bitcoins. En ese momento, tal cantidad correspondía a unos cuarenta dólares. Cinco años más tarde, los diez mil bitcoins tenían un valor de más de 2.4 millones de dólares. Y en 2019, superaron los **80 MILLONES**. ¡Eso sí que es una pizza cara! Laszlo debería haberlos conservado.

**Aviso:**

Como he hablado bastante de Warren Buffett, debería mencionar que no es muy fan de las criptomonedas como el bitcoin. A diferencia de las acciones de empresa, cuya evolución puedes estudiar, ver cómo lo están haciendo y averiguar su verdadero valor, Buffett dice que el bitcoin no tiene ningún valor en sí mismo. Su precio sube si la gente sigue comprándolo, pero no se puede saber si de verdad vale tanto. En cambio, si la gente lo empieza a vender y a vender, su precio bajará. Así es Warren. Ahora bien, hay inversores que no están de acuerdo y piensan que las criptomonedas son un tema apasionante, además del futuro. Así que te tocará decidir por ti mismo hacia dónde crees que va el mercado de valores, porque nadie lo sabe con seguridad. Sí, lo sé, a veces soy **TAN** útil...

## ENTONCES, ¿QUÉ HAS DECIDIDO HACER?

¿Hay algo en lo que te atraiga invertir? ¿Alguna inversión que te parezca interesante? ¿Has decidido si invertirás la mayor parte de los mil euros en un sitio determinado y repartirás el resto? ¿Si los dividirás en partes iguales? ¿O bien invertirás mucho en un lugar, y el resto un poco aquí y un poco allá? Sea lo que sea que hayas decidido, ¡acabas de crear tu propia **estrategia de inversión**!

Hasta ahora hemos jugado con dinero ficticio, pero llegará el día en que tendrás tu propio dinero y podrás decidir cuánto y dónde invertir; en que definirás una estrategia de inversión real para dinero real. ¡Imagínatelo!

# EN POCAS PALABRAS

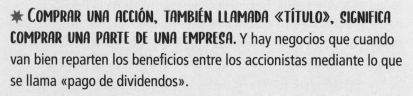

※ **INVERTIR DINERO** puede darte una tasa de rendimiento mayor que ingresándolo en una cuenta de ahorros.

※ **HAY MUCHAS FORMAS DIFERENTES DE INVERTIR:** en acciones, bonos, certificados de depósito (CD), así como en otros valores: obras de arte, propiedades inmobiliarias o criptomonedas.

※ **COMPRAR UNA ACCIÓN, TAMBIÉN LLAMADA «TÍTULO», SIGNIFICA COMPRAR UNA PARTE DE UNA EMPRESA.** Y hay negocios que cuando van bien reparten los beneficios entre los accionistas mediante lo que se llama «pago de dividendos».

※ **SI UNA EMPRESA VA BIEN, TODO EL MUNDO QUERRÁ COMPRAR UNA PARTE** («participación») y el precio de sus acciones subirá, subirá y subirá, lo que significa que tu inversión valdrá cada vez más y obtendrás más dinero si decides vender tus acciones.

※ **SI UNA EMPRESA VA MAL, EL PRECIO DE SUS ACCIONES CAERÁ,** y también lo hará el valor de tu inversión.

※ **EL MULTIMILLONARIO WARREN BUFFETT DICE QUE PARA INVERTIR EN UNA EMPRESA HAY QUE FIJARSE EN SU VALOR.** Invierte en empresas sólidas. Son las que valen la pena.

※ **ASEGÚRATE DE QUE SABES LO QUE HACES.** Esta regla se aplica a todo. ¡Debes saber en qué estás invirtiendo! Si algo es demasiado complicado de entender, probablemente sea mejor no meterse en ello.

※ **EN CASI TODAS LAS INVERSIONES, EL VALOR PUEDE SUBIR O BAJAR,** así que recuerda: **HUEVOS, CANASTAS DISTINTAS,** muchas canastas distintas.

HEMOS HABLADO MUCHO DE GANAR DINERO,
DE GASTARLO, AHORRARLO Y HACER QUE CREZCA.
AHORA HA LLEGADO EL MOMENTO DE HACER
ALGO BUENO CON ÉL: DONARLO.

# CAPÍTULO 6
# CÓMO DONARLO

Llevamos recorrido un largo camino juntos. Ya estás preparado para manejar tu dinero, gastarlo de forma inteligente según tu presupuesto, y eres consciente de que necesitas guardar algo para ahorrarlo y hacerlo crecer. Y sabes también que el objetivo es conseguir SER RICO, no sólo tener unos buenos ingresos y punto. Ahora bien, cuanto más rico seas, más dinero podrás donar.

## ¿Y POR QUÉ HACERLO?

¿Aún no lo sabes? Porque es BUENO, y tú eres una buena persona, ¿no? Si tienes este libro en las manos, es probable que vivas mucho mejor que la mayoría de la gente que habita este mundo. Existe mucha desigualdad e injusticia. Millones de personas luchan por satisfacer sus necesidades básicas: agua, alimentos, educación, medicinas... Algunas ni siquiera tienen un techo bajo el que dormir, nada parecido a un hogar. El planeta está en apuros. Tenemos ecosistemas enteros en serio peligro. Pero, aunque estos desafíos parecen enormes y aterradores, hay un camino a seguir. Existen grupos y organizaciones que trabajan para hacer del mundo un lugar mejor, y nosotros podemos poner nuestro granito de arena para que lo consigan. ¿Cómo? Pues DONANDO.

Dar es bueno, y hace que nos SINTAMOS bien. No quiero decir que tengamos que hacerlo sólo por eso, pero es un efecto colateral muy agradable. Cuando damos, el cuerpo libera sustancias químicas que nos hacen sentir bien, llamadas «endorfinas». Es una chispa de felicidad, una sensación cálida y difusa de estar haciendo algo, de estar marcando la diferencia. Los seres humanos somos animales sociales. Estamos programados para preocuparnos por los demás y ayudarnos. ¿Acaso no somos un encanto? Bueno, por lo menos parte del tiempo...

# DAR DINERO

## ¿QUÉ CAUSAS DEBERÍAS APOYAR?

Depende de en qué creas, de las cosas que te preocupen.
¿Qué te parece que no funciona en el mundo? ¿Qué te enfada?
¿Qué te molesta? ¿Qué te pone tan triste que hace que se te parta
el corazón? Tal vez sea algo que has oído y que te conmueve. Hay
cientos de ONG que luchan por todo tipo de buenas causas:

Medioambiente (desde la protección de las selvas hasta la limpieza de los océanos)

Animales (especies en peligro de extinción, maltrato)

Cuidado y acompañamiento a las personas ancianas

Sintecho

Erradicación de la pobreza

Salud (apoyo a los enfermos mentales, investigación sobre el cáncer o fundación de hospitales infantiles)

Catástrofes

Crisis de los refugiados

Arte y cultura (salvar las bibliotecas, promocionar la lectura)

Educación (para todos, para niñas, para necesidades especiales)

Cuando encuentres una causa que sea importante para ti, averigua quién está trabajando en ella. Pregúntate: ¿quieres apoyar a una ONG de tu entorno? ¿De tu municipio? ¿De tu país? ¿O tal vez de un país lejano? ¿O a lo mejor quieres contribuir a resolver un GRAN problema mundial? No hay respuestas correctas. Es tu dinero, depende por completo de ti.

## ¿A QUÉ ONG QUIERES APOYAR?

Investiga cual detective. Curiosea en los sitios web de las organizaciones y mira qué están haciendo y qué quieren hacer en el futuro. Busca videos en los que hablen sobre quiénes son, sobre las causas que defienden y el tipo de trabajo que realizan. Busca valoraciones positivas y negativas de otros donantes. Métete en algún foro donde la gente opine y hable de su experiencia con ellos.

## PREGUNTAS QUE DEBES HACERTE:

**¿La ONG en cuestión puede explicar de una forma sencilla la causa por la que lucha y el tipo de trabajo que hace para conseguirlo?** Tiene que ser de un modo REALMENTE sencillo. Si no, si todo lo que dicen es un poco confuso, aunque en apariencia bonito y tierno, si no entiendes de qué se trata, ¡probablemente esa ONG NO sea a la que debas destinar tu dinero! Y este consejo sirve para cualquier donación que hagas.

**¿Es una ONG legítima?** Por desgracia, esta pregunta es justa. Detrás de algunas organizaciones hay estafadores. Horrible, ¿verdad? Sus miembros simulan que hacen lo correcto, pero no es así. Si detectas algún caso, aléjate.

**Analiza cuáles son sus objetivos y si los está cumpliendo.** Lo que probablemente quieras es apoyar a una organización que tenga un **OBJETIVO** real y un **PLAN** para alcanzarlo. ¿Qué pasos pueden dar y cuáles están dando realmente? ¿Cómo miden los resultados? Seguro que quieres saber qué están haciendo y si logran sus objetivos.

**¿Qué va a HACER con tu dinero?** Algunas organizaciones sin ánimo de lucro son transparentes y publican sus ingresos y la forma en que los utilizan. Por ejemplo:

CON 3 € AL MES COMPRAN UNA
MANTA TÉRMICA Y DAN ABRIGO
A UN REFUGIADO.

CON 15 € COMPRAN LIBROS
DE TEXTO PARA QUE 50 NIÑOS
REFUGIADOS SIGAN ESTUDIANDO.

Como con cualquier otra cosa, cuanto más dinero pienses invertir en una ONG, más interés debes tener en saber cómo se usa.

## ¿A CUÁNTAS ONG DEBERÍAS APOYAR?

Tal vez quieras centrarte en un total de cinco para sacar el máximo provecho a tus donaciones. No intentes abarcar demasiado.
Si tuvieras cincuenta euros para dar, podrías donarlos a una sola causa o podrías dar un centavo a cinco mil organizaciones benéficas distintas. En el segundo caso, apoyarías a más organizaciones, es cierto, pero con un solo centavo poco podrían hacer. Es verdad que cada granito cuenta, pero, si tienes cincuenta euros, hay una causa que te interesa más que ninguna y quieres hacer algo por ella, ¡quizá lo mejor sea donar a ésta todo lo que puedas!

## CÓMO DONAR DINERO

Tal vez estés pensando en hacer una donación única. **0** puede que hayas decidido dar una cantidad regular, mensual o anual, usando la fórmula que utilizas para ahorrar un poco cada mes. Incluso podrías decidir donar un porcentaje de todo el dinero que ganes.

## SI PUEDES, HAZ DE LA DONACIÓN UN HÁBITO. SIGUE ADELANTE. ¡ENTRENA EL MÚSCULO DE LA DONACIÓN!

Las donaciones periódicas funcionan bien con las causas que realmente te importan. Pero también puedes apartar una cantidad de dinero para cosas que surjan de la nada, como, por ejemplo, un llamamiento de socorro tras un desastre natural. Plantéatelo como si fuera un fondo para imprevistos, pero dándole una vuelta de tuerca especial, aunque en lugar de ser un fondo para ti, por si de repente tienes problemas, es un pequeño fondo para ayudar a otras personas.

### ¿CUÁNTO SE DONA?

Warren Buffett se ha comprometido a donar el 99% de su fortuna, y eso es **MUCHO** dinero. De hecho, en 2010, Buffett y sus amigos multimillonarios Bill y Melinda Gates crearon The Giving Pledge («La promesa de dar»), una iniciativa que trata de reunir a multimillonarios de todo el mundo para animarlos a donar más de la mitad de su riqueza a obras filantrópicas. Hasta el momento, más de doscientos multimillonarios se han comprometido a ello. ¡¿No es increíble?!

Estamos hablando de **MUCHO DINERO**. Pero no hace falta dar tanto. Cada centavo que donas es un centavo que has decidido no gastar, no ahorrar, no invertir. El mero hecho de tomar la decisión de dárselo a otra persona ya es generoso. Y eso nadie puede negarlo. Empieza con una cantidad con la que te sientas cómodo. Ninguna es demasiado pequeña. ¡Tal vez un día tú también lo hagas a lo grande!

# EL PASEO DE LA FAMA DE LOS DONANTES

**ANDREW CARNEGIE:** Cuando en 1901 el escocés Andrew Carnegie vendió su empresa, ¡se convirtió en el hombre más rico del mundo! Utilizó su fortuna para hacer un montón de cosas, como por ejemplo construir más de 2 500 bibliotecas públicas en Estados Unidos. Antes de morir, en 1919, donó el **90%** de su fortuna (¡que hoy estaría valorada en miles de millones de dólares!).

**J. K. ROWLING:** Seguro que conoces a la autora de la famosa saga de Harry Potter, pero lo que quizá no sepas es que ella también es una gran donante. Ha donado millones de libras para apoyar la investigación médica y ayudar a familias monoparentales. Su fundación, Lumos (si eres fan de Harry Potter, sabrás que es el nombre de un hechizo que permite iluminar lugares oscuros), ayuda a niños que viven en orfanatos de todo el planeta a encontrar a sus familias.

**AZIM PREMJI:** Premji es multimillonario y acaba de donar más de **18 MIL MILLONES** de euros de su fortuna para ayudar a mejorar las escuelas en India (especialmente en áreas rurales) y para sacar de la calle a niños sin hogar. ¡Imagínate que tuvieras tanto dinero para donar...! ¿Qué harías con él? Para Premji, la educación es primordial. En tu caso, ¿cuál es tu debilidad?

**TONY ELUMELU:** Este inversor y empresario nigeriano ha apoyado muchas causas en África. En 2015 decidió donar a diez mil emprendedores del continente más de nueve mil euros (a cada uno) para ayudarlos a montar su propia empresa. En 2017 donó cerca de **500 MIL** euros a Sierra Leona para ayudar a los afectados por las inundaciones y las avalanchas de lodo.

# GASTO ÚTIL

En capítulos anteriores, cuando hablábamos de gastar hablábamos de **elegir**. Y es que, cuando queremos comprar, tenemos que elegir a quién comprarle. Por eso, gastar es un tipo de **PODER**. El lugar donde eliges gastar es importante.

## COMPARTIR PARTE DE TU PASTEL DE CHOCOLATE

Pero, antes de gastar dinero, ¡hay que pagar impuestos! Una vez que consigas el empleo de tus sueños y recibas tu primer sueldo, verás que una parte de él **DESAPARECE** en impuestos. Si además haces algún trabajo extra, o trabajas como *freelance*, deberás declarar también lo que hayas ganado y pagar los impuestos correspondientes. Es decir, una parte de todo el dinero que ganes desaparecerá, **¡PUF!** Pero es importante que así sea. Verás, el dinero que ganas es como un pastel de chocolate. No puedes quedártelo **TODO** para ti (eso sería muy egoísta), sino que debes dar una parte (los impuestos) al gobierno del país donde vives. Si tu pastel es **MUY PEQUEÑO**, no estás obligado a dar ningún trozo, pero, si es un pastel **ENORME**, tienes que dar un trozo grande.

El tamaño de la porción siempre depende del tamaño del pastel; cuanto más grande es éste, mayor es el trozo que debes dar al estado.

¿Y qué hacen los gobiernos con el dinero de los impuestos? Lo invierten en construir y mantener carreteras, hospitales, escuelas, parques y bibliotecas. Gracias a ese dinero funcionan servicios públicos de todo tipo. Eso significa que todos los ciudadanos podemos beneficiarnos de ellos, sin importar lo grandes o pequeños que sean nuestros pasteles de chocolate. Así que, cuando llegue el momento, PAGA TUS IMPUESTOS, es importante, pues esa recaudación marca una GRAN diferencia en el estado de bienestar de la comunidad en la que vivimos.

## EMPRESAS QUE SE PREOCUPAN POR LA EQUIDAD

Para producir las cosas que compramos, en algún lugar alguien ha cultivado las materias primas necesarias para fabricarlas (por ejemplo, el fruto de la planta del cacao de tu chocolate o las flores de algodón de tus camisetas). Piensa en esa persona y en su familia. Se merecen un salario justo y unas condiciones de trabajo seguras, ¿verdad? Pues bien, las decisiones que tomes a la hora de gastar pueden ayudar a garantizar que sea así. Cuando compres algo, busca productos que tengan la etiqueta de «comercio justo», que certifica que tanto los productos como la empresa que los fabrica cumplen con los cánones de dicho comercio y respetan los derechos y el salario de los trabajadores.

**COMPRA GENTE**

## EMPRESAS QUE DAN UN PORCENTAJE DEL PRECIO DE SUS PRODUCTOS O DE SUS BENEFICIOS A CAUSAS SOLIDARIAS

Hay compañías que hacen esto con un producto en concreto o con todo lo que venden. Comprar productos solidarios es una forma fácil y agradable de donar a la vez que se consume. Cuando descubras una empresa que lleva a cabo esta práctica, averigua si te interesan las causas que apoya.

Algunos supermercados permiten donar productos a los bancos de alimentos cuando compras por internet o en las campañas que realizan. Otros tienen una caja solidaria en la misma tienda, donde puedes depositar tus donaciones. También puedes retirar algunas compras impulsivas del carrito y destinar parte de ese dinero a donar alimentos.

## EMPRESAS QUE RESUELVEN PROBLEMAS SOCIALES

Hay empresas que se han fundado literalmente para hacer cosas positivas en el mundo. Algunas forman y dan empleo a personas con dificultades para encontrar trabajo. Otras fabrican filtros de agua cuyo propósito es ayudar a suministrar agua potable a precios asequibles a lugares donde se necesita con urgencia. Si apoyas a empresas de este tipo, apoyas la causa que hay detrás de ellas.

### TIENDAS SOLIDARIAS

Comprar en tiendas solidarias es otra forma de donar. Estos establecimientos destinan sus beneficios a las organizaciones sin ánimo de lucro a las que están vinculadas (pero recuerda que el **beneficio** es lo que obtienen después de pagar todos los gastos de infraestructura, que pueden ser muy elevados). Además, al comprar en estas tiendas estás ayudando a reutilizar y reciclar materiales que, de otro modo, acabarían en el vertedero, por lo que también aportas tu granito de arena al cuidado del medioambiente.

### UNA BUENA INVERSIÓN

Cuando inviertas dinero, intenta hacerlo en empresas que prometen respetar aspectos como los derechos humanos, los derechos de los animales y la protección del medioambiente. LO SÉ. Todas deberían hacerlo, ¿verdad? Pero, lamentablemente, no es así. De modo que intenta comprar en las que sí lo hacen.

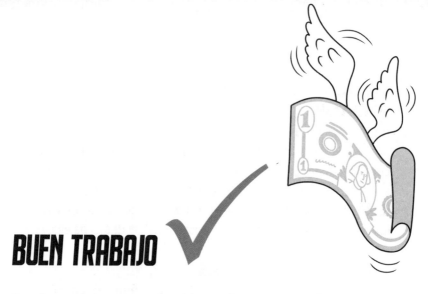

# BUEN TRABAJO

Otra forma de hacer cosas positivas y donar es tratar de conseguir un trabajo en una **BUENA** empresa. Una que se preocupe por la equidad y por el medioambiente, una que haga algo bueno por el mundo. Si creas la tuya propia, asegúrate de que sea un **BUEN** negocio. Podrías fabricar los productos en un lugar donde la gente realmente necesite trabajo o montar un negocio que ayude a reducir los plásticos de un solo uso. LUSH lo hace fabricando y vendiendo barras de jabón y cosméticos sin envases (y, por cierto, también realiza donaciones a proyectos medioambientales). O quizá se te ocurra una forma de ayudar a otras personas a crear su empresa y a ser económicamente independientes. Como hizo Muhammad Yunus con su banco Grameen.

## MUHAMMAD YUNUS, BANCO GRAMEEN, BANGLADESH

En la década de los setenta, Yunus se dio cuenta de que había personas en Bangladesh que querían montar su propio negocio para salir de la pobreza vendiendo sus artesanías, pero los bancos no les concedían préstamos porque temían que no pudieran devolverlos. Yunus decidió ayudar a esa gente, y prestó su propio dinero a un grupo de 42 artesanos sin cobrarles ningún interés. Eran préstamos pequeños, pues cada una de esas personas necesitaba poco más de dos euros para pagar las materias primas que precisaba. El sistema funcionó muy bien. Así que Yunus creó el banco Grameen, que se especializó en conceder **microcréditos** (ya sabes que un crédito es lo mismo que un préstamo, por tanto microcrédito es un préstamo MUY PEQUEÑO).

El proyecto de microfinanciación de Yunus empezó siendo pequeño, pero hasta el momento el banco Grameen ha concedido préstamos a más de nueve millones de personas en Bangladesh (¡y 97% son mujeres!), ayudándolas a crear sus propios negocios y a mantener a sus familias. En 2006, Yunus y el banco Grameen fueron galardonados con el Premio Nobel de la Paz. Y hoy en día incluso tienen sucursales en países como Estados Unidos, porque, como ya sabemos, en todas partes hay gente con problemas para acceder a crédito. Y nadie, si puede evitarlo, quiere mezclarse con prestamistas y usureros.

BANCO

# SI DONAS, HAZLO A TU MANERA

Nunca te sientas presionado para dar dinero. Hay causas y campañas que se aprovechan del sentimiento de culpa para que donemos. Pero ¿no crees que es **MUCHO** mejor dar desde una posición en la que te sientas cómodo, feliz y generoso, que dar porque te hacen sentir que eres una mala persona si no lo haces? Si vas a dar, **TÚ** decides cuándo y cómo. **TÚ** decides a quién y qué cantidad. No hay suma demasiado pequeña, no importa lo que te digan, y hay muchas maneras de dar: puedes hacerlo de forma regular, de vez en cuando o sólo una vez. Incluso, como ya hemos dicho, puedes reservar parte de tu dinero para causas que surjan de repente. Sea lo que sea que decidas hacer, tiene que salir de ti.

## TIEMPO DE DONAR

Puede que en este momento no tengas mucho dinero (o nada) para dar. **NO TE PREOCUPES,** porque seguro que tienes **TIEMPO.** Aunque no puedas donar dinero, puedes dedicar tu tiempo y entusiasmo a una causa en la que creas de verdad. Es el llamado **«voluntariado»**.

Para decidir dónde ejercer un voluntariado, recurre al proceso del que hemos hablado para decidir a quién dar tu dinero. Piensa en las causas que te importan y en qué organizaciones existen. Hay sitios en los que podrías colaborar de inmediato. ¿Tu escuela necesita algo? ¿Podrías ayudar en la biblioteca local? ¿Y en algún comedor social? También podrías dedicar tu tiempo a concienciar sobre el cambio climático. El voluntariado puedes hacerlo solo o puedes reunir a un grupo de personas y así lograr un mayor impacto.

# EN POCAS PALABRAS

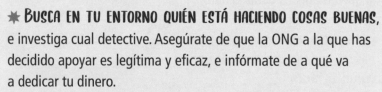

✳ **Podemos hacer muchas cosas para que el mundo sea un lugar mejor.** Donar es bueno (y nos hace sentir bien).

✳ **Hay muchas causas a las que apoyar.** Elige las que más te toquen.

✳ **Busca en tu entorno quién está haciendo cosas buenas,** e investiga cual detective. Asegúrate de que la ONG a la que has decidido apoyar es legítima y eficaz, e infórmate de a qué va a dedicar tu dinero.

✳ **Dona a entre una y cinco organizaciones como máximo** para no dispersarte demasiado.

✳ **Cuando trabajes, parte del dinero que ganes será para pagar impuestos.** Imagina que tu sueldo es un pastel de chocolate; los impuestos son la porción que el gobierno toma. Si el pastel es pequeño, no tendrás que pagarlos. En cambio, si es muy grande, te tocará pagar mucho, porque uno paga impuestos en función de lo que gana.

✳ **Los impuestos son importantes porque ayudan al estado** a financiar servicios básicos como la educación, la sanidad o los servicios de urgencias.

✳ **Gastar = Poder.** Cuando **gastes,** hazlo en negocios de **Gente Honesta.** De este modo, cada vez que gastas, das.

**✳ CUANDO INVIERTAS, HAZLO EN EMPRESAS QUE VALGAN LA PENA.**
O en fondos que buscan la rentabilidad tanto financiera como social y medioambiental.

**✳ CUANDO TRABAJES, INTENTA GANARTE EL SUELDO DE UNA MANERA QUE MARQUE LA DIFERENCIA.**
Trabaja para empresas que hagan cosas positivas o monta un negocio para conseguirlo.

**✳ DONA TU DINERO PORQUE QUIERES HACERLO. RECUERDA QUE TÚ** decides cuánto te parece adecuado dar y a quién quieres dárselo. Por pequeño que sea, cada detalle cuenta. Empieza por algo pequeño, pero, quién sabe, ¡tal vez en el futuro seas un **GRAN FILÁNTROPO!**

**✳ PUEDES DAR DINERO**, pero también puedes donar algo muy valioso: tu **TIEMPO.**

# ¿Y AHORA QUÉ?

## PUES... NOSOTROS YA HEMOS TERMINADO. Y PARECE QUE TÚ YA ESTÁS LISTO.

Ahora ya sabes **TODO** lo que hay que saber sobre el dinero. Bueno, quizá no todo, pero sí lo necesario para empezar. Hay mucho más que aprender si quieres, pero lo básico ya lo tenemos resuelto, ¿no? Ya sabes cómo ganarlo. Y que debes tomar algunas decisiones sobre qué hacer con él, como priorizar las cosas importantes por encima de las que no lo son (las que sabes que en realidad no necesitas). También entiendes la diferencia entre necesidad y deseo. Detectas una oferta sospechosa cuando la ves y **NO** caes en los trucos que los publicistas se guardan bajo la manga. Además, tienes tu propia arma secreta para luchar contra la espiral de consumismo: ¡sabes cómo ser feliz con lo que tienes! Así que... **JA**, anuncios y ofertas... ¡paso sin ver!

También te has convertido en un genio de los presupuestos. Te asegurarás de que no te pasas de la raya, pero, si alguna vez parece que estás a punto, sabes cómo recortar gastos o buscar el modo de ganar un poco de dinero extra para cubrir tu déficit. Aun así, tal vez en el futuro tengas que pedir dinero prestado. No te preocupes, sabes cómo hacerlo y eres consciente de que debes devolverlo a tiempo. Y, sobre todo, **HAGAS LO QUE HAGAS, PROMÉTEME** que te mantendrás alejado de los **USUREROS Y PRESTAMISTAS.**

Además, has aprendido que tienes que acostumbrarte a guardar algo de dinero. Y te he dado un montón de ideas para ahorrar más, por tanto, eres muy capaz de hacerlo. También sabes dónde dejar esos ahorros, ¿verdad? ¿Bajo el colchón? **¡NI HABLAR!** En el banco. Hay montones de cuentas entre las que elegir (y, como ya hemos dicho, las cuentas de ahorro te ofrecen mejores tipos de interés que las corrientes).

Si de verdad quieres que tu dinero crezca, estás listo para conseguirlo. Ya sabes que tienes todo tipo de opciones, y aunque uno se aburre sólo de oír sus nombres («acciones», «bonos», «certificados de depósito»... en serio, ¿quién se los inventa?), lo mejor es conocerlas y familiarizarse con ellas. Sin embargo, también hay otras cosas más atractivas en las que invertir (obras de arte, lingotes de oro o criptomonedas), y ya sabes que puedes hacerlo por tu cuenta o mediante un fondo de inversión. Ahora bien, lo hagas como lo hagas, recuerda el consejo de Warren Buffett: ¡debes saber siempre dónde te metes y conocer el tema a fondo!

Por último, también sabes cómo donar tu dinero y que, cuanta más riqueza tienes, más dinero puedes dar. Y es que, aunque el dinero tenga muy mala reputación, con él puedes hacer muchas cosas positivas. De ti depende. Y si no tenemos dinero para donar, podemos ofrecer nuestro tiempo, que también es importante.

Así que, con todo lo que ya sabes, sal a este **INCREÍBLE** mundo y **DISFRUTA.** Gana dinero, mucho dinero, y **GÁSTALO** como quieras. **AHÓRRALO** para los malos tiempos. Por si llega un huracán (aunque espero que nunca pases por eso). **HAZ QUE CREZCA.** Prioriza las inversiones en las que de verdad creas y mira cómo se multiplica gracias a nuestro amigo el superhéroe interés compuesto. Construye tu riqueza y vive el tipo de vida que siempre has soñado. Y da, **SÉ GENEROSO A LA HORA DE DONAR.** Empieza con sumas pequeñas, cantidades con las que te sientas cómodo, y tal vez un día llegues a donar cantidades enormes. Espero que sí. Sé que serás capaz. (¿Me pasé de cursi? Creía que te había dicho que un poco de cursilería no hace daño a nadie...) Ahora mismo el futuro debe de parecerte muy lejano, pero no es así. De todos modos, regresemos al **HOY:** las pequeñas cosas que ya haces marcarán la diferencia mañana. Cosas como comprar a empresas honestas, regalar tus céntimos y tu tiempo siempre que puedas.

## EL DINERO TIENE MALA FAMA. MUY MALA FAMA. VAMOS A DARLE UNA MEJOR EMPEZANDO AHORA MISMO.